Hannelore Börgel · Augen-Blicke

Das Buch

Hannelore Börgel ist seit Mitte der siebziger Jahre unterwegs in Afrika, Asien und Lateinamerika, bereiste vom Amazonas bis zu den Philippinen eine Vielzahl von Entwicklungsländern, oft von den Hauptstädten bis weit ins Hinterland hinein.

Sie beobachtete, befragte, war zu Gast in den Familien und sammelte eine Fülle von Eindrücken und Informationen über das Leben der Menschen und über die politische Entwicklung der einzelnen Regionen. Einige Länder besuchte sie mehrmals, stellte Vergleiche an zwischen dem Gestern und Heute.

Wie in einem Tagebuch fasst sie ihre prägnanten Darstellungen ab, vermittelt uns Zeitgeschichte und Hintergrundwissen.

Die Autorin

Hannelore Börgel studierte Volkswirtschaft und Politische Wissenschaften in Berlin und Minnesota, USA. Sie spezialisierte sich schon während des Studiums auf die so genannten Entwicklungsländer, promovierte über Brasilien, arbeitete an der Technischen Universität Berlin und im Ministerium für wirtschaftliche Zusammenarbeit und Entwicklung, bevor sie sich 1981 als entwicklungspolitische Gutachterin selbständig machte.

Gutachten schreiben ist eine Sache, die vielen Beobachtungen der kleinen Dinge am Rande, Momentaufnahmen eben, eine andere. In kurzen, knappen Geschichten versucht die Autorin das Leben auf den unterschiedlichsten Ebenen und Winkeln einzufangen. Sie nimmt den Leser mit auf ihre Reisen, lässt ihn teilhaben.

Die Autorin, die auch für Rundfunk und Zeitungen schreibt, lebt in Berlin.

Hannelore Börgel

AUGEN-BLICKE

Momentaufnahmen einer Reisenden

In memoriam
Hildegard Börgel
*9.12.1951 †6.12.2001

© 2001 Hannelore Börgel
Fotos: Hannelore Börgel
Satz und Layout: Buch & medi@ GmbH, München
Umschlagabbildung: »Augen« (Ölkreide 1984), Hannelore Börgel
Umschlaggestaltung: Büro Lehmacher / Andreas Rödig
Herstellung: Books on Demand GmbH, Norderstedt
Printed in Germany · ISBN 3-8311-3034-5

FREUNDSCHAFTEN

Es gibt Freundschaften, die dauern immer, unabhängig von Zeit und Raum. Es können mehr als zwanzig Jahre zwischen einzelnen Wiedersehen liegen. Man kommt an, setzt sich an den Tisch und redet. Es gibt keine Fremdheit, nur die alte Vertrautheit. So geschehen in den USA, Burns Drive, so geschehen in Delhi, Vasant Vihar und Bombay, Sea Face Park, so geschehen in Addis Abeba. Du gehörst dazu, die schlichte Feststellung, verteilt auf drei Kontinente.

für
Bianca, Nina, Oliver

SÜDAMERIKA

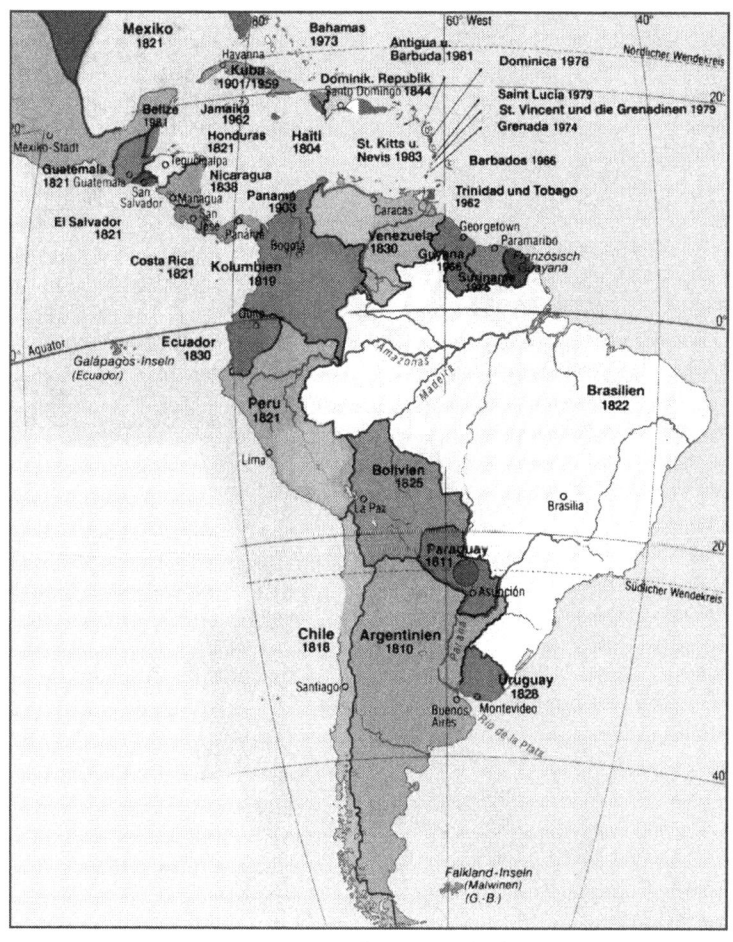

Länder mit Angabe des Unabhängigkeitsjahres

Priester

Es ist schwül in Senhor do Bonfin, tief in Bahia. Ein Ventilator dreht schlapp seine Runden an der Decke. Der Bischof hat drei Gäste. Neben ihm sitzt ein italienischer Pater aus Napoli. Weit über siebzig, seit vielen Jahren in Brasilien. Nach dem üblichen Austausch von Freundlichkeiten verlässt der Bischof für ein paar Minuten den Raum. Der Pater aus Napoli fängt an zu summen, das Lied von Lilli Marleen. Verschmitzt lächelt er die deutsche Gesprächspartnerin an. Ob sie das Lied kenne.

»Ja, aber Padre, es ist ein Lied aus dem Zweiten Weltkrieg.« – »Ja, ja«, sagt der Padre, er habe viel zu tun gehabt mit den Deutschen während des Krieges, und dieses Lied sei schließlich international bekannt geworden. Er summt das Lied weiter und noch mal von vorne. Dabei lächelt er spitzbübisch, bis der Bischof wieder zur Tür hereinkommt.

Nach Belo Horizonte hat es einen deutschen Pater verschlagen, auch ein Gestrandeter des Krieges. Seine Eltern haben ihm das Haus erbaut, in dem er jetzt mit seiner Haushälterin lebt und mit ihr zusammen verlassene Kinder großzieht. In einem Zimmer steht ein großer Ohrensessel, hinter dem eine blaue Lampe brennt, das Ewige Licht. In diesem Sessel ist der Vater des Priesters gestorben. Seither brennt das Ewige Licht.

Kampf ums Überleben am Abhang

Caruaru, westwärts von Recife, tief in Pernambuco; eine Benediktiner-Schwester aus dem Ruhrgebiet hat sich hier eingerichtet, am Fuße eines Abhangs, an dem sich stufenweise die Armut nach oben gefressen hat. Der Abhang ist glitschig, bei Regen muss man sich schon mal, trotz kleiner Stufen, an den Grasbüscheln nach oben hangeln. Oben herrscht die Sehnsucht nach einem besseren Leben, in den feuchten Räumen, zwei Schlafräume, jeweils so groß wie das Bett für insgesamt neun bis zwölf Personen. Hier eröffnen die

Schreiner- und Lederwerkstatt, die kleine Eisdiele unten am Fuße des Abhangs reale kleine Lichtblicke.

Die Mutter, eine Witwe, lebt mit ihren vier Kindern – das älteste ist vierzehn Jahre alt – und einer Rente von umgerechnet 51 Euro seit kurzem im Milieu der Favela. Sie konnte die Miete außerhalb des Abhangs nicht mehr aufbringen. Mit Hilfe der Benediktinerinnen versucht die Mutter, wieder aus dem Slum herauszukommen. Den Ältesten, Claudinor, schickt sie zur Ausbildung in die Lederwerkstätten.

Cicero hat zwar noch einen Vater, aber der ist krank. Der Vater wohnt ganz oben am Abhang, vier Personen in einem Zimmer. Auch er will hier wieder raus. Stolz zeigt er der Besucherin Diplomas. Mit Hilfe der Diplomas hofft er auf den Ausbruch aus der Favela.

Alle wollen hier raus, aber nur wenige schaffen es. In der Ausbildung unten am Abhang erfahren die Jungs zum ersten Mal eine menschenwürdige Behandlung. Von 150 Lehrlingen, die innerhalb von zehn Jahren ausgebildet wurden, rutschten nur zwei in die Kriminalität ab. Die übrigen schafften irgendwie ein Überleben mit einem kleinen Einkommen. Ein Junge aus der Favela wollte – wie sein Bruder – an der Ausbildung teilnehmen. Er sollte bis zum Ende des Jahres warten, wenn wieder Ausbildungsplätze frei seien, sagte man ihm. Doch der Junge konnte nicht warten, vor Ablauf des Jahres verstrickte er sich in den Netzen der Kriminalität, die unsichtbar den Abhang kontrolliert. Er landete im Gefängnis, erwürgte dort jemanden, wurde entlassen und später von den Todesschwadronen auf der Straße erschossen. In Brasilien kriminalisiert die Polizei die Menschen, Gefangenen-Resozialisierung ist ein Fremdwort. In Deutschland will man den Werkstätten Mitte der Achtzigerjahre das Geld sperren, weil sie angeblich nicht wirtschaftlich seien. Ein Mitglied der Kirche von unten in Brasilien kritisiert die Benediktinerin, dass sie mit ihren Aktivitäten die Menschen von der Revolution abhalte.

GUYANA

In Guyana geht man abends am besten nicht aus dem Hotel. Als Alternative kann man sich die Todesanzeigen der indischen Bevölkerung im Fernsehen ansehen, mit Bild und Lebenslauf der Verstorbenen, begleitet von indischen Gesängen. In einem anderen Kanal wird jeden Abend der Film »Bonnie & Clyde« in Fortsetzungen gesendet. Die Guyaner lieben diese Serie, Chicago in den Dreißigerjahren, so ähnlich geht es nachts in Georgetown zu. Es wird viel geschossen. Der deutsche Manager des Hotels »Tower« hat sich in die Polizeiforce von Guyana aufnehmen lassen, um sich legal zu bewaffnen. Abends, so sagt er seinen Hotelgästen, sollten sie besser im Hotel bleiben. Allenfalls könne man sich mit dem Taxi von Hotel zu Hotel bewegen. Die Kolumbianer wickeln seit einiger Zeit ihr Drogengeschäft über Guyana und Surinam ab, wo es noch viele unentdeckte Landepisten tief im Busch gibt. In Kolumbien sind ihnen die Amerikaner zu dicht auf den Fersen. Abfallprodukt dieser kolumbianischen Geschäftspraktiken ist der Anstieg des Drogenkonsums in ihren »Gastländern«.

Am Tage ist Georgetown eine schöne Stadt, weiß gestrichene Holzhäuser neben heruntergekommenen, die leider langsam durch Häuser aus Zement ersetzt werden.

27 Jahre war Guyana praktisch von der Außenwelt abgeschlossen. Ein despotischer Guyaner afrikanischer Herkunft verbreitete eine Schreckensherrschaft. Die Intellektuellen verließen das Land, ein Großteil der Inder versuchte zu überleben. Anfang der Neunzigerjahre war das Land buchstäblich am Ende, heruntergewirtschaftet vom Kommunismus. Es öffnete sich, die Regierungsmacht übernahm ein Guyaner indischer Herkunft. Internationale Hilfsgelder flossen ins Land. Als Erstes sollte das marode Wassersystem in Stand gesetzt werden. Georgetown liegt unter dem Meeresspiegel. Die Holländer zogen hier Kanäle wie in Holland ein, die allerdings in der nachkolonialen Zeit Guyanas nicht mehr gepflegt wurden. Abwasser, Fäkalien mischten sich ins Grundwasser und kamen und kommen noch immer als Leitungswasser in die Wohnungen.

Nun hilft ein Inder mit britischem Pass und einer finnischen Ehefrau den Guyanern beim Aufbau einer Umweltbehörde. Ein Nigerianer, ursprünglich ein UN-Freiwilliger, kümmert sich um Aufklärungskampagnen. Und ein Amerikaner um die Finanzen. Im heruntergekommenen Krankenhaus sitzt ein deutscher Arzt aus Heidelberg mit seiner guyanischen Frau, ebenfalls Ärztin, die 27 Jahre im Exil verbracht hat. Im Krankenhaus mangelt es an allem. In großen Sälen liegen die Kranken auf ihren Betten. Es gab keine Bettlaken bis zur Ankunft der deutschen Ärzte. Auf dem Boden sind Blutspuren. In das erste Geschoss führt eine Eisentreppe, die stark einbruchgefährdet ist. In der Entbindungsabteilung ist kurz vor der Geburt eine Hochschwangere durch den Holzfußboden gebrochen. Es ist eine Sisyphusarbeit, die hier von den Ärzten geleistet werden muss.

Am Flughafen sitzt ein deutscher Botaniker aus Gießen. Er war wochenlang allein im Regenwald unterwegs, um exotische Pflanzen auszugraben. Jetzt will er weiter mit dem Flugzeug nach Venezuela. Den Hinweg legte er mit illegalen Gastarbeitern aus Guyana, die zwischen Brasilien und Venezuela auf verbotenen Wegen hin- und herpendeln, zurück. Sie verdingen sich als Landarbeiter. Auf den Deutschen waren die Grenzkontrollen nicht eingestellt. Fast hätten sie ihn mit verhaftet. Die Stempel an den Flusseinreisestellen sind nicht überall bekannt. Der Flughafen von Georgetown ist einer der schlimmsten in der Karibik. Drei Stunden vorher hat man dort zu sein, aus Sicherheitsgründen. Gewöhnlich haben die Flugzeuge dann noch Verspätung. Das Einzige, was es an diesem Flughafen zu kaufen gibt, ist ein 15 Jahre alter Demarra-Rum.

AMAZONAS

Fortaleza feiert Karneval. Schon zum zweiten Mal in diesem Jahr. Dieses Mal im Juli. Juli 1995! Wieso Ende Juli? Dreimal pro Jahr wird jetzt im Norden Brasiliens Karneval gefeiert. Der Karneval bringt Geld, viel Geld, warum ihn nicht über das ganze Jahr verteilen. Der Krach ist ohrenbetäubend und hält bis in die frühen Morgenstunden an. Aus ganz Brasilien sind Besucher angereist, speziell aus den Gebieten, in denen nur einmal im Jahr Karneval gefeiert wird. Ganz unten im Süden allerdings, in Curitiba, hat man wenig Verständnis für diese nördlichen Eskapaden. »Die feiern gern, und arbeiten wenig«, so der trockene Kommentar.

Zwei Tage später habe ich die karnevaltrunkene Küste verlassen und fahre mit Pedro, den alle Pedrinho nennen, und mit Celso, einem etwas ungezogenen Jüngling aus Sao Paulo, nach Maracara. Von dort geht es mit Pedro in einem Boot auf dem Humaraca, einem Nebenfluss des Amazonas, weiter zu den Caboclos, einer Mischung aus Indianern und Weißen. Pedro sitzt hinten im Boot und steuert den kleinen Außenbordmotor. Ich sitze vorne, unter uns die Piranhas. Zwischendurch fällt immer mal wieder der Motor aus, dann wird gepaddelt. Die Benzinzuleitung funktioniert nicht so recht. »Nicht besorgniserregend«, sagt Pedro. Rechts und links Wald, der berühmte Regenwald. Nach dreieinhalb Stunden erreichen wir St. José, ein Pfahldorf direkt am Fluss. Die Großfamilie sitzt auf den Holzplanken circa einen Meter über dem grün bewachsenen Boden. Eine Stunde später flüchtet alles in die Holzhäuser. Es ist die Zeit der Mücken. Malaria gibt es in dieser Communidade nicht, so sagen die Leute. Aber so genannte Stechmücken, die eine Stunde am frühen Abend ihr Unwesen treiben. Wir sitzen im Haus auf dem Boden, bei Kerzenschein, und hören das Surren der Mücken an den Außenwänden des Hauses. Die Männer spielen Domino, die Frauen bereiten das Essen. Die Männer lassen sich wenig stören, nachdem einige Freundlichkeiten ausgetauscht worden sind. Man bespricht das Programm für den nächsten Tag. Von den Frauen in der Küche erfahre ich mehr. Pedro und ich übernachten in Hängematten im Schulgebäude. Die Hängematten überziehen wir mit speziellen Moskitonetzen. Ich schlafe direkt vor der großen Schultafel, Pedro im kleinen Nebenraum. Nachts träume ich von Räubern, die mich aus der Hängematte zerren und wache auf. Ein schweres Gewitter ist niedergegangen, geblieben ist noch ein bizarres Wetterleuchten, das von Zeit zu Zeit auch die Schultafel streift.

Im Pfahldorf ist alles ein wenig ungewohnt. In Afrika hat man festen Boden unter den Füßen, aber hier? Am frühen Abend hatte meine simple Frage nach der Toilette mit dem falschen Wort »banheiro« (Bad) für die Antwort »na Rio« (im Fluss) gesorgt. »Na Rio?«, fragte ich ungläubig und mache mich selbst auf den zum Teil wackligen Pfählen auf die Suche. Ich bin mir sicher, dass es eine Toilette gibt. Nach einer halben Stunde ein zweiter Anlauf mit dem deutschen Wort »Toilette«. »Ah, Sanitario«, die Antwort: »Ja, dahinten.« Maria zeigt mir den Weg. Von der Hintertür eines der Haupthäuser führt ein extrem wackeliger Weg über zwei Holzbalken, einer ist angeknackst, und ich werde deswegen gebeten, nur auf dem rechten Balken zu balancieren, direkt zum »Häuschen«. Verliert man die Balance, stürzt man etwa einen Meter tief ins Grüne. Nur, was ist darunter? Feuchter schwammiger Untergrund? Diese Gedanken helfen, sich auf den rechten Balken zu konzentrieren.

Am frühen Morgen paddelt eine junge Cabocla mit ihrem sechsjährigen Sohn nach St. José. Sie ist eine Nachbarin aus einem Umkreis von cirka einer Stunde paddeln. Die Menschen bewegen sich hier in schmalen Holzbooten, die schnell und ohne viel Geräusche auf der spiegelblanken Oberfläche dahingleiten. Wenn die Pfahlschulen nicht zu weit sind, und damit sind 15 bis 20 Minuten paddeln gemeint, bringt oder besser paddelt man die Kinder täglich in die Schule. Bereits bei einer Wegstrecke von einer Stunde paddeln bleiben die Kinder Analphabeten. Gegessen wird, was tagsüber im Fluss gefangen wird, einschließlich Piranhas, angereichert wird es mit Gemüse, Bohnen, Reis.

St. José kämpft wie die übrigen Mitglieder der Genossenschaft um die Besitztitel in den Sammlergebieten. Werden den Bewohnern Besitztitel offiziell zuerkannt, können sie unrechtmäßige »wilde« Siedler verweisen. Eigentlich sind sie Seringueiros, Kautschukzapfer. Da der Kautschukpreis seit Jahren ganz unten ist, sammeln sie Paranüsse, man nennt sie deswegen Castanheiros. Sie verkaufen bis Maraca oder Santana. Von dort bringt ein Aufkäufer die Ware nach Belem, wo eine Einwandererfamilie aus dem Mittleren Osten die Preise kontrolliert. Das Familienoberhaupt soll gerade im Gefängnis sitzen.

Drei Tage bin ich mit Pedro auf dem Humaraca unterwegs, rechts und links die Regenwälder, dazwischen immer wieder kleine Lichtungen, in denen sich die Menschen mit ihren Häusern auf Pfählen eingerichtet haben. Viele Familien haben mindestens ein Mitglied der Familie auf festem Boden in den Städten in Lohn und Brot. Sie helfen aus, wenn die Kautschuk- und Nusspreise so niedrig sind, dass sie das Überleben nicht sichern. Die Fröhlichkeit der Menschen, das dunkle Grün der Wälder, die Sonne, der Fluss, die Zurufe von den Paddelbooten hinüber zu den Häusern, die Gastfreundlichkeit, sie täuschen über die ökonomische Wirklichkeit hinweg. Auch hier, in dieser Umgebung wieder ein Gestrandeter aus Europa, dieses Mal ein Franzose: Jeff, verheiratet mit einer Brasilianerin. Sie betreiben seit kurzem eine kleine Pension in Macapá, seit das französische Kulturinstitut in Bélem geschlossen wurde. Jeff denkt an Ökotourismus, aber vielleicht zieht er in zwei Jahren auch weiter. Jeff verabschiedet alle seine Gäste persönlich, auch am frühen Morgen, wenn man spätestens um fünf Uhr am Flughafen sein muss; persönliche Gesten mit langen Wirkungen.

Weiter geht es nach Santarem im Staate Para, direkt am Amazonas. Eugenio, Sohn italienischer Einwanderer, ist am Flughafen. Seit zwölf Jahren ist er hier als Mediziner. Aufgewachsen sind er und sein Bruder Caetano in Sao Paulo. Caetano war Austauschschüler in New York, passionierter Videofilmer, auch er ist jetzt hier oben. Eugenio ist bekannt. Er hat den Caboclos geholfen. Er hat dafür gesorgt, dass den Bauern Landbesitztitel zuerkannt wurden, kurz bevor die Umweltbehörde IBAMA mal wieder Holzeinschlaglizenzen an mit Motorsägen bewaffnete Holzfäller vergeben wollte. Jetzt versuchen die Bauern, Saatgut zu züchten.

Zwölf Stunden nach meiner Ankunft in Santarem befinde ich mich schon auf einem Boot. Wir fahren nachts und arbeiten am Tag. Der Lärm des Motors ist ohrenbetäubend. Es gibt nur einen großen Schiffsraum, keine Kabinen. Das Schiff ist schon ein bisschen älter. Das gleich bleibende Geratter und die warme Luft wiegen in den Schlaf. Zehn Hängematten sind nebeneinander gereiht. In diesen schaukeln wir die nächsten vier Nächte. Man wäscht sich vor Anker im Fluss. Es gibt nur eine winzige Toilette und eine kleine Kochstelle. Zurückziehen geht nur, wenn man ein Bein über den Rand der Matte hängen lässt oder sich halbschräg in die Matte legt, so dass eine Seite hochgeht und man dem Blickkontakt der übrigen Gesellschaft entschwindet und sich einbildet, nicht gesehen zu werden. Das lerne ich aber erst am nächsten Tag, sozusagen durch teilnehmende Beobachtung. Ohnehin geht es hier sehr diskret zu. Am frühen Morgen, während des Aufstehens, sieht man einfach so lange durch den anderen durch, bis er auf der Holzbank seinen Kaffee einnimmt.

Nachts um zwölf hatte mich Duncan, ein schottischer Arzt, an Deck gebracht. »Da ist deine Hängematte«, sagte er mir im Halbdunkel des Schiffes. Meine beiden Nachbarn rechts und links schliefen schon, Karen, die schottische Zahnärztin, und Ary, der brasilianische Landwirtschaftstechniker. Das Auslaufen des Schiffes im Mondschein aus dem Hafen Santarem möchte ich, obwohl todmüde, nicht verpassen. Mit Duncan gehe ich an Deck und sehe langsam die Skyline von Santarem entschwinden. Zwei schottische Ärzte machen ihre Tour durch die Dörfer entlang den Nebenarmen des riesigen Amazonas, Patientenbesuche. Ary wird sich um die Landwirtschaft kümmern. Am frühen Morgen erreichen wir den Tapajos, einen breiten Nebenarm des Amazonas.

Perereca, Brasilianerin mit indianischem und europäischem Stammbaum, entstammt einer alten Familie in Santarem. Eigentlich arbeitet sie freiberuflich als Kontoristin und in vielen anderen Bürojobs. Brasilianer haben immer viele unterschiedliche Jobs, es ist schon fast eine Lebensart. Ein einziger Job bringt auch gewöhnlich nicht genügend Geld. Ausnahmsweise ist Perereca dieses Mal als Köchin mitgefahren, weil die eigentliche Köchin, die sonst die Ärzte begleitet, krank ist. Am frühen Morgen zaubert sie ein herrliches Frühstück auf dem Schiff, dazu schlürfen wir Kaffee. So gestärkt, gehen wir an Land. Karen wird die Zähne der Dorfbewohner untersuchen. Die Brasilianer sollen die schlechtesten Zähne der Welt haben, Fehl- und Mangelernährung. Die Kinder werden von klein an mit Zuckerhaltigem voll gestopft. Auch an diesen Nebenarmen des Amazonas hat jede Familie mindestens ein Familienmitglied in der Stadt. Die Frauen verdingen sich häufig als Haushaltshilfe. Insbesondere die jüngeren wandern ab, ergreifen jede Gelegenheit, nur weg vom Regenwald.

Am nächsten Tag, nach einer weiteren Fahrt flussaufwärts, begleite ich sieben Leute zu ihren Feldern auf einer Anhöhe tief im Regenwald. Die flache Wegstrecke legen wir zum Teil noch auf dem Ochsenkarren zurück, dann gehen wir zu Fuß, die Ochsen bleiben an der Wasserstelle. Um uns herum dichtes, dunkles Grün. Zweimal haben die Bauern in diesem Jahr den Weg schon freigeschlagen. Doch der Wald kommt sofort zurück. Die Frauen und Männer hauen immer wieder links und rechts mit der Machete die Zweige aus dem Weg. Es geht 250 Meter steil nach oben. Wunderbar große Schmetterlinge fliegen über uns. Es summt und brummt. Wir hören auf zu reden. Ich konzentriere mich auf den Weg. Die anderen sind schneller. Irgendwann setze ich mich auf eine Baumwurzel, sehe den steilen Weg hinab, der schon hinter uns liegt, und vergesse, dass Schlangen den Weg kreuzen können. Duncan, der Arzt, hat seinen Erste-Hilfe-Kasten auf dem Boot gelassen. »Okay«, sage ich, »wenn etwas passiert, muss ich aus eigenen Kräften überleben.« – »Ja«, seine knappe Antwort. An diesem Tag waren die Schlangen nicht aktiv. Ich steige weiter und erreiche die Gruppe, die oberhalb auf mich gewartet hatte. Auf dem Hochplateau liegt ein großes gerodetes Feld, umgeben von riesigen gefällten Baumstämmen. Die nächsten anderthalb Stunden sitze ich auf einem dieser Baumstämme und interviewe die Bauern und Bäuerinnen, die hier die Feldarbeit verrichten. Feldarbeit unter diesen Bedingungen ist Schwerstarbeit. Bei einem der Bauern blitzen zwei Goldzähne. Später erfahre ich, dass dieser Bauer früher in einer Goldmine gearbeitet hat.

Sie versuchen Saatgut zu züchten, ein Experiment zur Sicherung der Existenzgrundlage im Regenwald. Man will im und vom Wald leben und damit gleichzeitig dem Holzraub durch Firmen Einhalt gebieten. Drei Tage in der Woche sind die Bauern und Bäuerinnen hier oben, sie übernachten im Lagerhaus. Man steigt nicht jeden Tag den beschwerlichen Weg hinauf und hinunter zu den Häusern am Fluss. Das Hauptnahrungsmittel ist der Fisch aus dem Tapajos. Doch in den letzten Jahren haben große Fischfangflotten den Fluss verstärkt mit ihren Netzen abgefischt. Die Landwirtschaft wird immer wichtiger für die Fischer. Die industrielle Abfischung der Nebenarme des Amazonas drängt sie tiefer in den Regenwald, der ihnen durch die Motorsäge der Industriellen verkleinert wird.

Der Regenwald rächt sich. Die harmloseste Krankheit, die er zu bieten hat, ist Mucuim. Es sind Pusteln, die mit einem Jod- und Alkoholgemisch bekämpft werden können. Es dauert zwei Wochen, bis die letzte Pustel aufgehört hat zu jucken. Das Tropeninstitut in Berlin kennt diesen Begriff nicht. Von Sarita und ihrem dicken Wörterbuch erfahre ich, dass Mucuim von der weitläufigen Familie der Spinnen und Zecken ausgelöst wird, die sowohl auf dem Waldboden als auch im Süßwasser zu Hause ist.

Tapajos / Amazonas, Brasilien 1995

KARIBIK

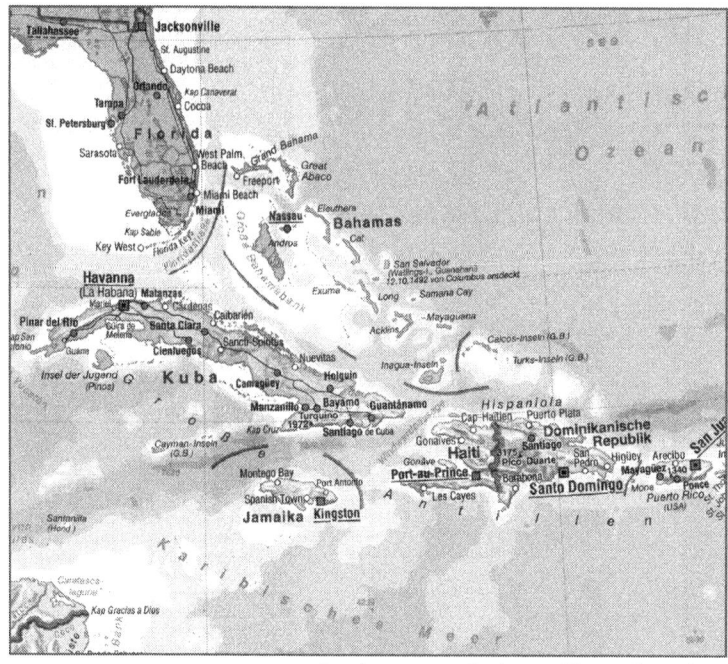

Länder mit Angabe des Unabhängigkeitsjahres

Aids

Die großen Touristenhotels in Haiti sind 1987 gähnend leer. Die Amerikaner sind weggeblieben. Von Haiti geht Aids aus, sagen sie. Die Haitianer behaupten, Aids sei aus San Francisco eingeschleppt worden. Die Gays aus Kalifornien hätten die heterosexuelle Szene in Haiti verseucht. Für arme Familienväter war Sex eine Möglichkeit, das Haushaltsbudget aufzubessern.

Cité Soleil 1987

Seit vierzig Jahren arbeitet Pater Bohnen in Cité Soleil, einem der übelsten Slumgebiete in Port-au-Prince. Besucher führt er persönlich durch die stinkenden Gassen des Slums. Er verteilt Flugblätter in verschiedenen Sprachen, in denen jeweils auf Deutsch der eine Satz wiederholt wird: Wir haben nichts gewusst. Das sei DER deutsche Satz nach dem zweiten Weltkrieg gewesen. Seine Besucher in Cité Soleil sollen sich nicht auf diesen Satz berufen können. Er führt sie vorbei an den Gebäuden mit der Sprühschrift: Père Bohnen. Die Gebäude gehörten den Todesschwadronen, den »ton ton macoutes«, der Machtstütze des Diktators Baby Doc. Als er verjagt wurde, setzte die arme Bevölkerung deren Häuser in Brand. Um wenigstens ein Haus als Unterrichtsstätte zu retten, sprühte ein Unbekannter »Haus des Père Bohnen« an die Wand. Es blieb stehen und wurde zu einer Schule umfunktioniert. Heute unterrichten hier die Lehrer, die von Pater Bohnen bezahlt werden, die Slum-Kinder.

Szenenwechsel: November 1989

Eine gute Woche ist es her, dass die Berliner Mauer sich geöffnet hat. In Haiti besteigt eine Berlinerin eine Maschine der Air France, um endlich an den Ort des Geschehens zu gelangen. Sie kommt mit ihren Nachbarn, einem älteren holländischen Ehepaar, ins Gespräch. Ja, sagt der Holländer, er kenne Berlin noch aus den Bombennächten. Zwangsarbeiter sei er gewesen, denen untersagt war, in den Bombennächten Bunker aufzusuchen. Die Angriffe habe er alle in seiner Wohnung nahe dem Anhalter Bahnhof überleben müssen. Es habe Momente gegeben, in denen er geglaubt hatte, Berlin nicht mehr lebendig verlassen zu können.

»Dann stehen Sie der Öffnung der Berliner Mauer jetzt sicher mit gemischten Gefühlen gegenüber«, fragt die Berlinerin.

»Nein«, sagt der Mann, »jetzt, nach so vielen Jahren, haben sich die Deutschen geändert. Es wird schon gut gehen.«

Die Berlinerin möchte noch mehr wissen von dem Zeitzeugen aus den Bombennächten 1944–45. Doch die Ehefrau unterbricht das Gespräch. »Der Krieg ist vorbei«, sagt sie.

9. November bei »Chez Frantz«

Gonaives, auf halbem Weg zwischen Port-au-Prince und Cap Haitien. Die unruhigste von allen Städten. Hier wehren sich die Slumbewohner schon mal gegen die »ton ton macoutes«, gegen das Militär, gegen die Polizei. Sie reißen einfach Gräben auf zwischen Slumgebiet und Hauptstraße. Jedes Fahrzeug bleibt dann mit den Vorderrädern in den Gräben hängen. Zu Fuß wagen sich die staatlichen Schlägertrupps gewöhnlich nicht weiter. In Gonaives stinken ganze Straßenzüge nach Abfall, grünliches Wasser schimmert auf den Abfallwassern, Fliegen schwirren. Durchfall ist die am weitesten verbreitete Krankheit.

An der Hauptstraße liegt die kleine Pension »Chez Frantz«. In den Zwanzigerjahren soll es einen Deutschen nach Haiti verschlagen haben. Seine mulattenbraunen Nachfahren, von besonderer Schönheit, sind derweil noch ab und an an den Biertischen anzutreffen, wenn sie nicht gerade in Amerika oder sonst wo sind. »Chez Frantz« ist eine sehr schlichte Pension. Zimmer, die sich um einen Innenhof gruppieren, blitzblank zementiert mit Betten aus Eisengestellen, einem wackeligen Hocker, Tisch und Schrank, einer Waschgelegenheit. Sprühen ist angesagt, wenn man sich des Nachts keine Malaria holen will. Passt man nicht auf, stirbt man noch vor den Mücken, so giftig ist das Sprühzeug. Ohropax braucht man, wenn man des Nachts die Gewohnheiten der Männer im Nebenzimmer überhören will, während draußen die Geliebte der letzten Nacht eine wilde Szene vor verschlossener Tür macht. Drinnen herrscht bereits die neue »Königin«, flüstert dem Geliebten Strategien ins Ohr, wie man die lästige Türsteherin loswerden kann.

In diese Umgebung bricht die Nachricht der Deutschen Welle ein: Die Mauer ist offen! Die Umgebung ist restlos vergessen. Draußen an den Tischen müssen die Deutschen plötzlich Interviews geben, als seien sie der Bundeskanzler persönlich. Telefonieren kann man erst von Port-au-Prince aus. Die Stimme aus Siegmundshof überschlägt sich. Trabis werden auf dem »17. Juni« gesichtet. Die Straße zum Brandenburger Tor ist verhangen mit Abgasen. »Macht nichts«, schreit die Stimme aus Tiergarten der Charlottenburgerin nach Port-au-Prince ins Ohr. »Die Mauer ist offen, die ganze Stadt im Freudentaumel.« Fünfzig Dollar hat das Telefon schon geschluckt. Es wird weitertelefoniert. »Antenne deux« vom französischen Staatsfernsehen widmet erstmalig zwanzig Minuten seiner 20-Uhr-Nachrichten den Deutschen, diese Nachrichten werden Stunden später in Haiti übernommen. Wahrhaftig, die Deutschen sitzen auf der Mauer an diesem langen Wochenende des 9. November 1989.

DIE BARMHERZIGEN SCHWESTERN IN DER KARIBIK

Europäische und amerikanische Frauen suchen in der Karibik das Eine, was sonst immer Männern unterstellt wird. Ein Berufszweig hat sich mittlerweile darauf eingestellt. Seit zwanzig Jahren geht es diesem Berufszweig gut. Mittlerweile kann er diversifizieren. Die Ursprungsbranche ist die Branche der Beachboys. Die klügeren unter den Beachboys fingen an zu sparen. Sie sparten, was ihnen die britischen, deutschen, holländischen, französischen und amerikanischen Frauen dalließen. Und das muss nicht wenig gewesen sein. Die nächste Wirtschaftsstufe wurde mit Hilfe eines Taxiunternehmens erklommen. Ein Taxifahrer erlässt einer Kundin das Wechselgeld mit der Bemerkung, er habe deutschen Frauen viel zu verdanken. »Sehen Sie«, sagt mein Gesprächspartner später im Ministerium. »Sie haben doch auch von dieser Großzügigkeit profitiert, warum sich aufregen. Das Einzige, was zur Beunruhigung Anlass geben könnte ist, dass die Zahl der Beachboys seit einigen Jahren konstant bleibt. Wir leben im Aids-Zeitalter. Die Jungs werden vorsichtiger.«

»With whom are you sleeping tonight?«, ist dann auch die Begrüßung eines Taxifahrers, der mich am späten Abend von Vieux Fort nach Castries auf der karibischen Insel St. Lucia bringen soll. Ich drehe die Frage um und nerve ihn mit Fragen über seine Ehe, heraus kommt, dass er mit verschiedenen Frauen verschiedene Kinder hat, für die er aber nicht zahlt, weswegen er verklagt wurde. So komme ich sicher durch den Regenwald nach Castries zum Green Parrot.

ASIEN

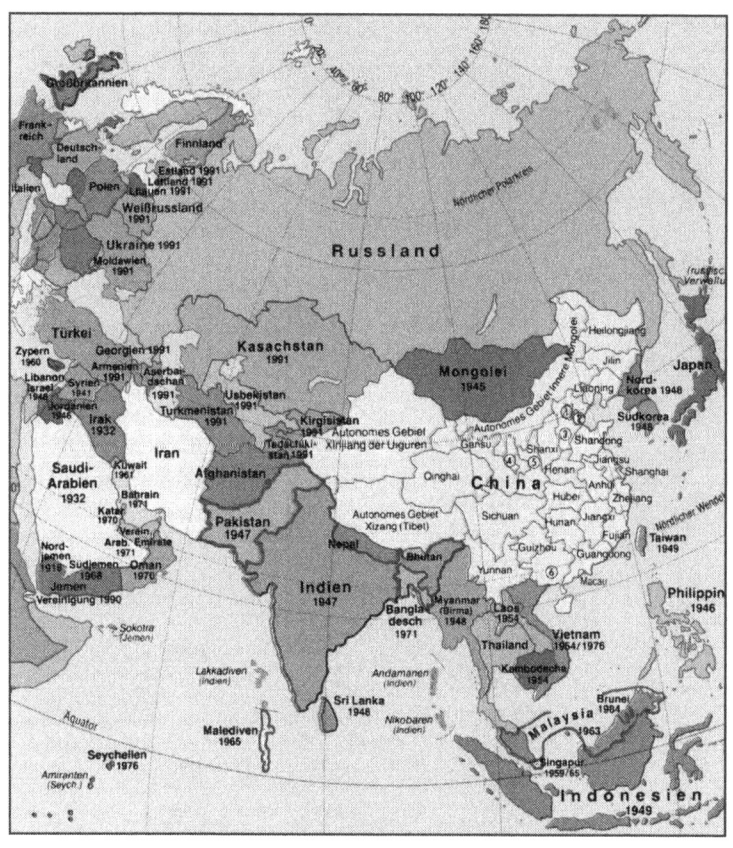

Länder mit Angabe des Unabhängigkeitsjahres

WELTKONGRESSE
ODER SEHR PERSÖNLICHE EINDRÜCKE
EINER MAMMUTKONFERENZ 1988

1 500 Menschen aus 66 Ländern hatten sich nach Delhi begeben. Vier Tage wollte man über »Poverty, Development and Collective Survival and Public and Private Responsibilities« sprechen, sich austauschen. Austauschen? Ach, nein, Ansprachen wurden gehalten. Die erlesenen Redner reichten von Außenministern, über Unterstaatssekretäre bis zu hochrangigen UN-Vertretern. Höhepunkt waren die Reden von Rajiv Ghandi und Prinz Claus der Niederlande.

Alle 1 500 Teilnehmer wollten nur eins, die Armut besiegen. Fragen wurden gestellt, die manche Basisorganisation schon lange beantwortet hatte. In Delhi hatte sich das Netzwerk für internationale Beamte und etablierte Entwicklungsinstitutionen versammelt, normale Mitglieder des Netzwerkes wurden als Staffage benötigt. Neben den hochoffiziellen Reden gab es noch die Mini-Reden, bevor den normalen Teilnehmern das Wort zur Diskussion erteilt wird. Diskussion? Nein, es folgten wieder Mini-Ansprachen. Die Nachdenklichen scheinen nie die Rednerlisten anzuführen, immer nur die begnadeten Selbstdarsteller. Sie haben eigentlich keine Fragen, sie halten nur weitere Ansprachen zu Schlüsselwörtern, die sie in den Hauptansprachen aufgeschnappt haben.

Stichwort World Bank: »We don't need World Bank.« Stichwort Government: »All governments are our enemies.« Und dann folgen gebetsmühlenartig Ausführungen über Kolonialismus und Imperialismus. Niemand unterbricht die Redner. Niemand ist rüde gegenüber einem Vertreter einer anderen Nation.

»Wenn es diesen Verein nicht gäbe«, so sagt eine hochrangige kanadische Teilnehmerin, »dann müsste man ihn erfinden. Er dient dem Austausch.«

»All governments are our enemies« war dann doch einem holländischen Teilnehmer zu viel. Regierungen können dumm sein, wird der Lateinamerikaner belehrt, sehr dumm sogar, aber nicht alle Regierungen sind unsere Feinde. Feinde für alles und dauernd zu gebrauchen, könne den Blick für die wirklichen Feinde vernebeln.

Auf der Konferenz wird ein Block der »like-minded-countries« eingeführt. »Like-minded« sind die Holländer und die Skandinavier. Die Deutschen gehören nach holländischer Auffassung nicht dazu.

Redner ganz besonderer Art sind die Gastgeber, die älteren gesetzten Inder. Sie berufen sich unablässig auf Ghandi, Mahatma Ghandi, Ghandianer nennt man sie in Indien. Sie schaffen es, jeden Redebeitrag auf Ghandi zurückzuführen. Manchmal dauert es etwas lange, bis sie den Bezug zwischen Ghandi und dem aktuellen Thema hergestellt haben.

Das andere Indien wird durch die Basisgruppen repräsentiert, die allerdings in der Minderheit sind. Sie schaffen es selten, als Erste die Rednerlisten in den großen Plenumsveranstaltungen anzuführen. »Hier wird zu viel geredet«, sagt eine Basisarbeiterin aus Assam. »Ich sitze mit meinem Projekt ganz allein oben in Assam. Wir haben andere Probleme, die werden hier überhaupt nicht angesprochen.«

Während wir einenhalb Stunden auf die Ankunft von Rajiv Ghandi warten müssen, aus Sicherheitsgründen, fragt ein Basisarbeiter aus Bangladesch, was das hier alles kosten würde. Er stellt diese Frage nur halb laut seiner Nachbarin, laut würde er sich schon verdächtig machen. Was hätte man alles mit diesem Geld in den Dörfern machen können, beantwortet er sich selbst die Frage.

Auf der Weltkonferenz sitzen Schönheitsköniginnen aus Ohio, so das Gerücht, und hochgestylte, mit dreireihigen Perlenketten behängte Executive Directors, deren Reden eher an das heimische Publikum in den USA gerichtet sind als an die Basisarbeiterinnen in asiatischen Dörfern.

Bei der Eröffnung und Schließung der Konferenz saß übrigens – immerhin schon 1988 – keine einzige Frau auf dem Podium. Ein schlimmer Regiefehler, insbesondere, da alle Männer bekundeten, doch nun endlich was für die Frauen tun zu wollen. Erst nach Protesten stellte man noch einen zusätzlichen Stuhl für eine UN-Vertreterin an den Tisch.

WIEDERBEGEGNUNG MIT DEN PHILIPPINEN

Die erste Begegnung mit Asien, genauer Südostasien war 1971.
Jetzt, genau zwanzig Jahre später, im März 1991 – was hat sich ver-
ändert? Eigentlich nichts. Die Philippinen sind die alte Feudalge-
sellschaft geblieben, auch ohne Marcos. Mag ja sein, dass Corazon
Aquino untadelig ist, aber die Struktur, die Korruption, alles wie
1971: Forbes Park, Greenhills, Metro Manila, nur der Verkehr auf
den Straßen ist besorgniserregend angeschwollen. Rushhour rund
um die Uhr. An den Straßenrändern und außerhalb der Metro Ma-
nilas Armut, Slums. In Marikina, dem Zentrum für Schuhproduk-
tion, säumen abseits der großen Produktionsstätten Holzhäuser die
Straßen, aus denen Kinder quellen. In den Häusern sitzen Kinder
und sticheln auf wackeligen Holzschemeln Billigschuhe, die nur
an den Straßenrändern verkauft werden können. Konkurrenz zu
Schuh-Otto, einem der größten Produzenten am Ort, sind sie nicht.
Die Schule haben nur wenige von innen gesehen und wenn, dann
nur ein paar Jahre. Ihre Arbeitskraft wird gebraucht. Einem Jungen
fehlt der Unterschenkel. Unfall in der Schule, übersetzt die chinesische Großmutter, die Einzige, die hier halbwegs Englisch sprechen kann. Imelda Marcos soll 3 000 Paar Schuhe bei ihrer Flucht
nach Amerika in den Philippinen hinterlassen haben. Es sind sicher
Schuhe aus amerikanischer, italienischer oder aus der Otto-Produk-
tion, nicht aber aus der philippinischen Heimarbeit gewesen.
    Die Armee prägt fürs Leben. Besichtigung einer Schuhfabrik, die
von einem ehemaligen philippinischen Soldaten geleitet wird, der
in den Sechzigerjahren als Angehöriger der amerikanischen Armee
Pontonbrücken über den Main in Frankfurt auf- und abbaute. Heute
beliefert er die amerikanische und philippinische Armee mit Stie-
feln.
    Abends eine Einladung in merkwürdigem Milieu, auch ein Schuh-
produzent. Ein Privatmann hat auf seinem Grundstück eine Halle
gebaut, er nennt es Gemeindezentrum, nebenan ist eine Disco. Essen sollen wir hier, warum, wissen wir auch nicht. Es ist einfach eines dieser Essen, das man aus Höflichkeit nicht ablehnen kann. Die
Termine wurden schon vor der Ankunft festgeschrieben. Gäste sieht
man gern pausenlos essen, selbst oder gerade weil man sie dann von
ihrer Arbeit abhalten kann. Dieser Gastgeber unterhält seine europäischen Gäste mit bösartigen Beschreibungen über das Treiben der

Chinesen in den Philippinen. Kongressabgeordneter will er werden, mit seiner Mehrzweckhalle, seiner Disco, seinem Puff, seinem Chinesenhass. Die Gäste aus Europa verweisen ihn auf die Dreißigerjahre in Deutschland, wo in ähnlicher Weise über die Juden geredet worden sei. Ob er wüsste, wo das alles endete? Die Auswirkungen seien heute noch zu sehen und zu spüren. Er lacht nur und fährt mit seinen Chinesenwitzen fort.

In der Bar im »Nikko Manila Garden« werden die Zigarren noch per Hand gedreht, mit Cognac bestrichen, zunächst von den Kirschmündern angeblasen und dann dem Gast überreicht. Ein Ritual, das zumindest den älteren Herren besonders gefällt. Nebenan, in einer anderen Bar, wird gesungen, schwitzend steht eine etwas dickliche Band auf der Bühne. Die Sängerin gibt sich große Mühe, der Busen bebt, die Stimme hebt und senkt sich, Schweißtropfen perlen, besungen wird die Liebe und irgendwelche Augen.

Disneyland nennt ein europäischer Geschäftsmann die Philippinen, die den Anschluss an den asiatischen Wirtschaftsboom verpasst haben. Ein anderer spricht von einem lateinamerikanischen Operettenstaat mitten im asiatischen Pazifik. Ein deutscher Professor will nur noch mit philippinischen Frauen arbeiten, nicht mit den Männern, sie seien absolut unzuverlässig, plustern sich bei jeder Gelegenheit zu Pfauen oder zu Gockeln auf.

THAILAND

Bangkok boomt, es ist nicht mehr das Kurzentrum für Vietnam müde GI's wie 1971, als ein amerikanischer Vier- oder Fünf-Sterne-General seine verdunkelte Limousine auf dem Weg zum Grand Palace anhalten ließ und eine miniberockte deutsche Studentin für den Abend einladen wollte.

Das Bangkok 1991 entwickelt sich zum Touristenparadies für ehemalige DDRler, die gleich mit zwei Rolex-Uhren, Stück 30 Euro, am Arm herumlaufen. Auf den Flüssen schaukeln Sextouristen, vornehmlich alternde westliche Männer, mit blutjungen, auffallend schönen thailändischen Frauen herum.

Im »Heritage Club« im 22. Stock des »Soko-Buildings« isst man mit silbernen Stäbchen. Man erfährt, dass die Thais lieber mit Europäern arbeiten. Die Deutschen kommen schneller zur Sache als die Japaner. Tagelang müsse man mit den Japanern Golf spielen. Kein Wort über die eigentliche Sache. Kurz vor dem Abflug, ja, dann vielleicht wird das eigentliche Geschäft angesprochen. Für Geschäfte mit den Chinesen, nun, da muss man singen können. Man muss im Kollektiv singen, auch wenn man nicht singen kann. Dann folgt das Geschäftliche.

PAKISTAN 1992

Das offizielle Pakistan hofiert westliche Frauen. Man erscheint in den Business-News auf Seite eins. Man sitzt mit Arbeitgebern zum Fototermin auf der Couch, nimmt an Festessen teil, erklärt die deutsche Situation nach dem Fall der Mauer, trifft in Deutschland ausgebildete pakistanische Manager, isst mit ihnen im Business-Club am Meer in Karachi, wo die tragbaren Telefone, Handys, verboten sind. Jeder, der in Pakistan etwas auf sich hält, schleppt so ein Handy mit sich herum. Pausenlose Telefongespräche unterstreichen die Wichtigkeit der eigenen Person

Wenige Minuten vom Business-Club entfernt begrüßt eine mit einem Gesichtsschleier verdeckte Prinzipalin einer Ausbildungsstätte die Besucher. Den Schleier lüftet sie nur, wenn sie den Strohhalm der Cola-Flasche zum Mund führt, was wiederum den männlichen Besucher aus dem Westen irritiert.

Nur zweieinhalb Flugstunden von Karachi entfernt taucht man ein in das andere Pakistan. Die vielbeschriebene Stadt Peshawar, nahe der afghanischen Grenze, Hauptauffanglager afghanischer Flüchtlinge, seit die Russen 1979 in Afghanistan einmarschierten. Nach ihrem Abzug kämpfen die unsäglich zerstrittenen Mudschaheddin untereinander und sorgen weiterhin für Flüchtlingsströme.

Währenddessen bilden die Deutschen die Flüchtlinge in Schnellkursen zu Schreinern, Klempnern, Metallern, Schneidern aus. Sie sollen etwas anderes als immer nur Schießen kennen lernen. Eine bunte Mischung hat sich da in den Flüchtlingslagern zusammengefunden. Von fanatischen Muslimen, glühenden Hekmatyar-Anhängern bis zu den Kommunisten. Die Europäerin hat kein Problem, mit ihnen zu sprechen. Mohammed, der Übersetzer, studierte jahrelang in der DDR und kam als Journalist zurück. Seine Familie war mittlerweile aus Afghanistan geflohen und saß in Peshawar. Vor seinem Studium war er noch schnell nach Landessitte traditionell verheiratet worden. Frau und Tochter ließ er in Afghanistan zurück. Er traf sie erst nach deren Flucht in Peshawar wieder. Trotz langjähriger europäischer Ausbildung wird die Frau von ihm gescheucht, den Tee zu kochen. Die älteste Tochter, inzwischen 12 Jahre, hat er vor kurzem aus der Schule genommen. Das Mädchen ist darüber unendlich traurig. Der Vater kann keine plausiblen Gründe für seine Entscheidung geben. Vielleicht kann er sie so besser und schneller verheiraten. Acht Jahre in Europa müssen spurlos an diesem Mann vorübergegangen sein.

Ein bisschen exotisch ist es schon, als westliche Frau, züchtig gekleidet, die Workshops der muslimischen Männer zu besuchen. Alle sind ausnahmslos freundlich. Alle stehen in langen Interviews Rede und Antwort. Die meisten schütteln der westlichen Frau die Hand. Alle, bis auf drei fanatische Anhänger von Hekmatyar, dem finstersten aller Mudschaheddinführer, der seine Bedeutung vor allem durch amerikanische Waffenlieferungen gewann. Nun beschießt er mit den amerikanischen Raketen Kabul, das den Bürgerkrieg bislang unbeschadet überstanden hatte. Und die Schneider hier im Lager in Peshawar, sie wollen erst zurück, wenn Hekmatyar gewonnen hat. Nur er ist in ihren Augen der Garant eines islamischen Staates. Jetzt regieren die Milizen in Kabul, so meinen sie. Hekmatyar, ausgerechnet er, die übelste Figur aus dem Widerstand gegen die Russen. Der Übersetzer muss die hasserfüllten Worte ins Englische transportieren. Es ekelt ihn an, aber er übersetzt weiter. Einer der drei Schneider ist ein Sohn eines Mullahs, er versucht mäßigend auf die beiden anderen einzuwirken. Es hilft nichts. Die beiden Fanatiker schnauzen den Übersetzer an, wieso er mit einer westlichen Frau herumlaufe. Einer verweigert beim Abschied der Frau die Hand. Die anderen schütteln sie lachend.

Der Bahndamm in Peshawar ist auch so ein Überbleibsel des Kriegs im Nachbarland. Ein trauriger Platz. Den Bahndamm im Rücken, mit dem Gesicht der Steinmauer zugewandt, kochen Heroinsüchtige ihren nächsten Schuss, für jedermann sichtbar. Waffen wurden und werden immer noch mit Drogen bezahlt. Die Zahl der Drogenabhängigen ist in Pakistan seit 1979 steil nach oben geschnellt.

DIE WAFFENSCHMIEDE

In Darra werden alle Waffen per Hand geschmiedet, zum Teil nachgemacht. Nur eine dreiviertel Stunde von Peshawar entfernt, in den Stammesgebieten, beherrschen seit alters her Familien, oder besser die Männer, Väter und Söhne, die Kunst des Waffenschmiedens. Schon von weitem hört man das Knallen von Pistolen, das Geratter von Kalaschnikows. Darra sieht aus wie ein Straßendorf. Rechts und links der Hauptstraße säumen Geschäfte den Straßenrand. Alle Geschäfte haben Vordächer, unter die man flieht, wenn ein Kunde seine Pistole ausprobiert oder der Verkäufer den Kunden von der Wirksamkeit überzeugen will. Geschossen wird in die Luft, die Kugeln fliegen gewöhnlich geradewegs vor die Tür. Der westlichen Besucherin bietet man grünen Tee im Laden an und legt ihr eine Mauser in die Hand. Hier wird auch importiert. Die guten Produkte aus Baden-Württemberg kosten rund 1 000 Euro. Es herrscht rege Nachfrage. Nicht alle scheinen den Darra-Pistolen und Kalaschnikows made in Darra zu trauen. Hier, mitten im Hauptanbaugebiet von Opium, braucht man zusätzlich die effizientere Mauser. Nach der Mauser legt man der Besucherin einen dicken, bleischweren Stift in die Hand, einen so genannten Pencil. Nur einen Schuss kann man aus ihm abfeuern. Vor der Tür wird der Probeschuss in die Luft geknallt. Die abgeschossene Patrone erhält die vermeintliche Käuferin. Der Pencil kostet drei Euro. Man schenkt ihn ihr. Auf dem Rückweg nach Peshawar übergibt sie dem Taxifahrer den bleiernden Stift. Die abgeschossene Patrone gelangt als Andenken nach Deutschland. Die Besucherin hatte kalte Füße bekommen, was sollte sie mit der Waffe. Überhaupt, was hatte sie in Darra zu suchen. Nichts. Das Geschenk an den Taxifahrer bewahrte sie vor einem Gefängnisaufenthalt am Flughafen. Eine ahnungslose britische Touristin, ebenfalls mit einem Pencil bewaffnet, wurde kurz vor dem Abflug in Karachi drei Tage wegen Waffenbesitzes fest gehalten. Später erfährt die Darra-Besucherin, dass in Hamburg ein Ehemann seine Frau mit dem einen Schuss aus einem Pencil umgebracht hat.

Zurück nach Darra, in die Hinterhöfe, weg von der Hauptstraße mit ihren importierten Mausern. In den Hinterhöfen wird überall gefeilt. Einer sagt, sein Vater sei aus Aserbaidschan, seine Mutter sei Afghanin. Nun steht er in Darra und feilt Munition. Nach einer Stunde reicht es der Besucherin. Sie hat die Nase voll von der Munition, vom Geratter der Maschinengewehre.

CAMELBOYS

Sieben pakistanische Jungs zwischen drei und zwölf Jahren wurden im Oktober 1992 kurz vor der Abreise in die Golfstaaten von der Polizei in Gewahrsam genommen. Man nennt sie die Camelboys. Sie sind von ihren Eltern in den Dörfern verkauft oder von Sklavenhändlern gestohlen worden. Der Jüngste hängt noch an der Milchflasche. Ihr Foto erscheint in der Tageszeitung. Sie sollten an reiche Araber in den Golfstaaten verkauft werden. Dort werden sie bei Kamelrennen den Kamelen auf den Rücken geschnallt. Die angeschnallten Kinder schreien vor Angst. Je mehr sie schreien, desto schneller laufen die Kamele. Das schnellste Kamel gewinnt das Rennen. Oft werden die Kinder nur locker angeschnallt, damit sie noch mehr schreien. Viele Kinder verletzen sich schwer bei den Rennen. Manche kehren nach Jahren als Krüppel zurück, manche bleiben für immer in der Erde der Golfstaaten. Offiziell ist dieser satanische Kinderhandel verboten. Dieses Mal haben sie eine Gruppe geschnappt, kurz vor der Abreise. Doch solange eine Nachfrage aus den Golfstaaten besteht, wird es wohl nicht die letzte Gruppe gewesen sein.

NIGERIANER IN PAKISTAN

27 Nigerianer wurden im Oktober 1992 in den Stammesgebieten nahe Peshawar festgenommen. Alle transportierten Rauschgift mit Hilfe von Kondomen. Pro Reise zahle man ihnen 5 000,- US-Dollar. Warum die Verhaftung jetzt? Das Geschäft mit den Nigerianern floriert doch seit langem. Jeder weiß es. Die Afrikaner behaupten, ihre Hintermänner nicht zu kennen. Es soll sich um reiche Pakistani in Karachi und Istanbul handeln. Verhaftet wurden die Afrikaner drei Tage vor einem UN-Kongress über Drogenbekämpfung in Islamabad.

Westliche Frauen unter dem Schleier

Ein schwarzes Paket wankt auf eine westliche Picknickgruppe zu. Entfernt sich wieder. Kommt wieder näher. Plötzlich spricht das schwarze Paket, während es weiter auf und ab geht. Das Paket hat Augen, verborgen hinter Gitterchen. Italienerin sei es, sagt das Paket. Nach dem zweiten Weltkrieg habe es einen pakistanischen Soldaten, der damals mit der britischen Truppe nahe Neapel stationiert war, geheiratet. Nach diversen Überseestationen sei man nach Pakistan in die Heimatregion der Soldaten zurückgekehrt. Es gäbe noch weitere italienische Frauen in dieser Gegend, alle eingesperrt nach gut pakistanischer Sitte, in die Innenhöfe der Großfamilien, verborgen unter den Schleiern des Islams. Das Paket bittet darum, Grüße an die Familie nach Napoli zu senden, es lebe noch.

Frauenabteilung in der Feisalmoschee

Die Frauenabteilung der Moschee befindet sich auf der Empore, durch Gitterchen getrennt dürfen hier oben die Frauen dem Imam zuhören. Man kann sich auch zu einem Plausch niederlassen. Eine dickliche Pakistani bewegt sich mit zwei blonden, blauäugigen Kindern, neun und zwölf Jahre, auf die westliche Besucherin zu. Die Mutter der Kinder sei Dänin, der Vater Paschtune. Die Mutter sei krank, man telefoniere mit ihr. Das Gespräch mit den Kindern wird immer wieder von der Großtante unterbrochen. Sie will wissen, ob die Besucherin an Mohammed glaube. Die dänisch-pakistanischen Kinder erklären ihr, dass in Europa Jesus der Prophet sei. Alle zwei Jahre, so sagen die Kinder, fahren sie nach Dänemark. Doch die letzten zwei Jahre liegen schon länger zurück. Ihre Mutter, eine dänische Friseuse, wurde noch in Pakistan am Gehirntumor operiert. Danach verfiel sie in Depressionen. Sie reiste zurück nach Kopenhagen, ihre Kinder musste sie in Pakistan zurücklassen.

FRAUENSOLIDARITÄT

Eine deutsche Frau macht sich auf den Weg, ihren frisch angetrauten Ehemann in seiner Heimat aufzusuchen. Kennen gelernt hatten sie sich während seines Aufenthaltes in Deutschland. In Pakistan muss sie überraschend feststellen, dass sie bereits Ehefrau Nummer Zwei ist. Ehefrau Nummer Eins ist Pakistani. Irgendwie arrangiert sich das Dreigespann. Doch nach einiger Zeit steht die Heirat mit Ehefrau Nummer Drei vor der Tür. Ehefrau Nummer Eins verbündet sich mit Ehefrau Nummer Zwei, und zusammen setzen sie den Ehemann so unter Druck, dass er von der Heirat mit Nummer Drei absieht, aber mit seinem deutschen Pass nach Deutschland flieht. Ehefrau Eins und Zwei leben weiterhin freundschaftlich verbunden in Pakistan.

FREITAGSMARKT IN ISLAMABAD

Verkauft werden Pelzmützen mit sowjetischem Kampfabzeichen und jede Menge russischer Armbanduhren. Man munkelt, das seien Armbanduhren gefallener russischer Soldaten. Angeboten werden auch russische Rubel aus der vorrevolutionären Zeit. Der Nachschub kommt aus den islamischen GUS-Staaten. Unter den Verkäufern befinden sich afghanische Studenten aus der DDR, die der Fall der Mauer nach Pakistan gespült hat. Jetzt hoffen sie, dass sie mit Hilfe eines Stipendiums ihr Studium in der westlichen Hälfte der Bundesrepublik beenden können. Bis dahin verkaufen sie Steine aus Afghanistan, Lapislazuli.

Eine Ghabab, ein altes Musikinstrument aus Afghanistan, wechselt die Besitzer. Die westliche Besucherin verwechselt die pakistanischen Geldscheine und merkt es nicht. Es beginnt ein Palaver hinter den Verkaufsständen. Der Verkäufer, ein Afghane, macht die Europäerin auf ihren Irrtum aufmerksam und gibt die verwechselten Geldscheine zurück. Beeindruckt von der Ehrlichkeit geht ein weiterer Geldschein zurück an den afghanischen Händler.

Trinkhallenbsitzer im Fort Lahore

Ein zehnjähriger pakistanischer Junge läuft einer Besucherin des Forts entgegen und bietet ihr auf Deutsch eine Banane an. Sie antwortet in der gleichen Sprache. Der Junge läuft zurück zu seiner Familie und sagt leise: »Sie redet Deutsch.« Die Berlinerin geht auf die Familie zu. Vater, Mutter und zwei Kinder leben eigentlich in Mannheim. Trinkhallenbesitzer sei er. Eine Trinkhalle in Mannheim? Seit wann ist Mannheim ein Kurbad? Später lernt die Spaziergängerin, Trinkhallen in Baden-Württemberg sind Zeitungskioske, deren Hauptumsatz mit Alkohol gemacht wird. Der Pakistani hat sich für drei Monate von seiner Trinkhalle in Mannheim verabschiedet, seine Kinder aus der Schule genommen, um seine Heimat wieder zu sehen. Die Kinder, die älter sind als ihren Schuljahren angemessen, versäumen weitere drei Monate.

Vietnam

Hanoi im Februar 1995. Es ist kühl und regnerisch. Menschen, Fahrräder und Rikschas gleiten vorbei. Für einen Moment glaubt man sich in einen französischen Indochina-Film versetzt, in Marguerite Duras' »Der Liebhaber«. Als sei die Zeit stehen geblieben. Das französische Indochina, die engen Gassen, die Gebäude leicht verfallen, das »Art Café«, das französischen Charme versprüht. Hoffentlich fällt hier keine Abrissbirne südostasiatischer Spekulanten ein. Erste Anzeichen sind schon sichtbar, allerdings noch nicht im inneren Stadtkern, aber sie fressen sich immer weiter heran. Wie kann man das alte Hanoi bewahren? Den Krieg hat es überstanden. Die südostasiatischen Spekulanten, die schon das chinesische Viertel Singapurs dezimiert haben, wird man mit anderen Methoden als mit Nachschubpfaden unter der Erde bekämpfen müssen.

Nur wenig deutet noch auf den jahrelangen Krieg mit den Amerikanern hin. Am sichtbarsten ist das »Veterans' Tourism Office«, eigens eröffnet für die ehemaligen GI's, die ihre Erinnerungen suchen, vergessen machen wollen, wieder gutmachen wollen. Die englischsprachige vietnamesische Zeitung widmet ihnen ganze Seiten.

Beschreibt ausführlich die privaten Hilfsaktionen der amerikanischen Veteranen. Madame Binh dankt ihnen für ihr Engagement, es habe dazu beigetragen, das Embargo der USA aufzuheben. Madame Binh? War sie nicht eine der Unterhändlerinnen in Paris zu Kissingers Zeiten, der wieder und wieder im amerikanischen Fernsehen 1972 verkündete: »Peace is on hand.« Da sollte der Krieg noch zwei Jahre dauern. 1995 ist der amerikanische Veteran Terry Anderson in Hanoi. Vietnam sollte nicht sein einziges Trauma werden, es folgten mehr als sechs Jahre Gefangenschaft durch arabische Terroristen im Libanon. Nun ist er wieder in Vietnam. In der langen Einzelhaft im Libanon hat er sich ein Wiedergutmachungsprojekt ausgedacht. Er wollte eine Schule errichten, wenn er den Libanon lebend verlassen sollte, eine Schule sollte es sein, denn Schulen hatten sie in Vietnam zerbombt. Nun ist sein Projekt Wirklichkeit geworden. Auch andere Veteranen sind 1995 da, verbringen ihre Zeit mit den vietnamesischen Kriegsversehrten. Versehrte unter sich. Es scheint keinen Hass zu geben auf vietnamesischer Seite.

Beliebt bei den Vietnamesen wie bei den Touristen ist die »Waterpuppet-Show«. Bis zu den Hüften stehen die Artisten im Wasser und ziehen die Fäden für die Feuer speienden Drachen und Figuren vietnamesischer Geschichten.

Unbekümmert kann man noch am späten Abend durch Hanois Gassen spazieren. Hanoi ist die gute Stube Südostasiens, die Drogen haben noch keinen Einzug gehalten. Die geschäftigen Vietnamesen nehmen kurz vor Mitternacht ihr Moped, ihr Motorrad mit ins Wohnzimmer, hinter die heruntergelassenen Rollläden. Am nächsten Morgen verwandelt sich das Wohn- und Schlafzimmer, nachdem das Moped, das Motorrad herausgeschoben worden ist, wieder in einen kleinen Laden. Gehandelt wird mit allem. Erstmals erleben die Hanoier eine Art kleines Wirtschaftswunder. Es geht aufwärts. Man kann vom Fahrrad auf das Moped, auf das Motorrad umsteigen.

Bei unserem ersten Streifzug – Ausgangspunkt ist unser Ouoc Hoa Hotel in der Bat Dan – landen wir in einer kleinen schmalen Gasse und klettern in einem noch schmaleren Haus bis zur Dachterrasse. Fünf Tische stehen hier, neonbeleuchtet. Ein wunderbarer Blick über Hanoi. Wie überall in der Welt meinen die Kellner, sie täten den Gästen einen Gefallen, wenn sie das Fernsehen anstellen. An diesem Abend läuft ein europäischer Film mit vietnamesischen Untertiteln. Zunächst kümmern wir uns weder um das Fernsehbild noch um den Ton, mittlerweile wird der Fernseher vom Personal belagert. Wir drehen uns erst um, als das Österreichische aus dem Fernseher nun doch zu aufdringlich wird. Gezeigt wird »Sissi«! »Sissi« mit vietnamesischen Untertiteln, mit Karl Heinz Böhm, mittlerweile Entwicklungshelfer in Afrika, und Romy Schneider. Hoffentlich ist dies nicht schon ein Zeichen der nahenden Abrissbirne der Spekulanten.

Ho-Chi Minh trieb eine ganze Generation von Europäern und Amerikanern auf die Straße, die seinen Namen skandierten. Nun liegt er im Glassarg. Alle Halbjahr wird er nach Moskau geflogen, zur erneuten Einbalsamierung. Er sieht extrem wächsern aus. Man sollte ihn in Ruhe lassen.

Um ihn zu sehen, müssen alle Taschen und Fotoapparate vor dem Mausoleum abgegeben werden. Dann folgt eine Aufstellung in Zweierreihen, die sich fast im militärischen Schritt auf das Mausoleum zu bewegt. Dann Treppen hoch, Treppen runter. Stille, Wachposten. Wir stehen am Sarg von Ho-Chi-Minh. Vor mir lässt ein Franzose seine Hand in der linken Hosentasche, der Wärter kommt und zieht sie heraus. Später erfahren wir, dass der deutsche Botschafter mit seinen Händen verschränkt hinter dem Rücken am Sarg gestanden hat. Ein Wärter kam und schlug mit seinem Stöckchen auf die hinter dem Rücken verschränkten Hände. Bei Ho-Chi-Minh sind die Hände an der Hosennaht zu halten.

LAOS

Niemals sollte man von Hanoi direkt nach Vientiane fahren. Man kann nur enttäuscht werden. Dem französisch anmutenden Hanoi steht Vientiane planquadratisch angeordnet, wie auf dem Reißbrett entstanden, gegenüber. Auf dem Morning Market gibt es zwar alte Opiumwaagen aus dem Norden, doch das Flair des vergangenen Indochinas findet man hier nicht mehr.

Stattdessen machen sich bereits die Spekulanten breit. Seit einem Jahr eröffnen thailändische Geschäftsleute jede Woche neue Läden, Alcatel stellt derweil die Kommunikationsverbindungen her. Zwanzig Jahre lang war Laos abgeschottet. Seine besten Leute setzten sich ins Ausland ab, als Steinzeitkommunisten die Macht übernahmen. Das Politbüro wird immer noch von einer Generation beherrscht, die ihre Erfahrungen in den Höhlen gesammelt hat, aus denen der Nachschub für den Ho-Chi-Minh-Pfad während des Vietnamkrieges organisiert worden ist. Anders als die Vietnamesen hat die laotische Kriegsgeneration Schwierigkeiten, sich den Friedenszeiten zu öffnen. Das Politbüro hält an seinen Kommandostrukturen fest. Einziges Zugeständnis: Man überlässt den Ausländern die Entwicklung. Das Land wird mit internationalen Hilfsgeldern überschwemmt. Vereinzelte laotische Rückkehrer halten sich gewöhnlich aus der Politik heraus. Sie haben die kommunistischen Umerziehungslager noch nicht vergessen.

Die großen Familien Laos' haben überlebt, indem sie in jedem politischen Lager einen der ihren hatten: ein Familienmitglied bei den Kommunisten, ein Familienmitglied bei den Franzosen, eines in den USA. Ähnlich sollen sich heute die Familien der Steinzeitkommunisten verhalten und die der Militärs. Sie profitieren mittlerweile vom wirtschaftlichen Boom, geben thailändischen Firmen Lizenzen zum Abholzen der Regenwälder.

Zu Gast im Tigerstaat Indonesien 1995

Es fällt ein: eine große europäische Delegation, das eigentliche Arbeitsteam besteht allerdings nur aus drei Personen. Auf indonesischer Seite drängeln sich die Administratoren in gestaffelten Formationen, gewöhnlich kommen auf jedes europäische Teammitglied zwei Indonesier. Das liegt am indonesischen Kontrollapparat. Vordergründig gibt sich Indonesien demokratisch, offen und entwicklungsfreudig. Es ist viel von asiatischen Werten die Rede. Hintergründig leistet sich der südostasiatische Staat einen Kontrollapparat, den er sich bei der Stasi abgeguckt haben muss. Zwar ist die indonesische Presse 1995 wesentlich freier als 1976, aber man hat Angst vor der Zeit nach Suharto. Seine Familie und seine Freunde sitzen an allen Schalthebeln und kassieren mit. Im Beamtenapparat bewacht und beäugt man sich gegenseitig.

Und diese gegenseitige Bewachung verursacht das Gedränge, wenn ausländische Besucher erscheinen. Der, der Verantwortung trägt, hat gewöhnlich von der Sache wenig Ahnung, also bringt er den Sachkenner seines Amtes mit. Nicht einen, nein mehrere, es könnten ja mehrere Probleme angesprochen werden. Bewegt man sich von der Zentralinsel Java auf die Nachbarinsel Sumatra, müssen die Zentralbürokraten der Insel Java mitfahren, es gilt die Subalternen Sumatras zu beobachten.

In Sumatra werden wir von zwanzig amtlichen Personen bereits auf dem Rollfeld erwartet. Wie in Java wird jeder Abend mit einem Abendessen abgeschlossen, an dem alle teilnehmen. Wahrscheinlich verzehren wir die Einnahmen der Wasserbehörden. Einladungen werden von den Bürgermeistern, Provinzgouverneuren, den Chefs der Planungsbehörden ausgesprochen. Der Höhepunkt dieser Essen sind die Karaoke-Einlagen am Ende. Karaoke bedeutet anhand von Fernsehuntertiteln zu romantischen Bildern zu singen. So singt der Chef einer Planungsbehörde gegen 21 Uhr »Love me tender, love me true«. Immer wieder von vorne. Indonesien liebt Elvis Presley. Der Sänger ist ein Militär, der immer mal wieder, wenn er nicht »Love me tender, love me true« singt, Clausewitz auf Deutsch zitiert: »Der Krieg ist ein Akt der Gewalt«, und noch häufiger zitiert er »Soldaten sind Soldaten«, dann nimmt er Haltung an und lacht. Und dann folgt wieder »Love me tender, love me true«.

Indonesien 1995 ist vom Entwicklungsboom erfasst. Das kleine verschlafene Bukittinggi von 1976 ist einer aufstrebenden Stadt mit Satellitenschüsseln gewichen. Sie kosten zwischen zweihundert bis dreihundert Euro. Es hapert jedoch mit den Abwassern, manchmal so schlimm, dass sich der Gestank über eine Abendvorstellung traditioneller Tänze legt. Man habe eben andere Prioritäten, werden die Ausländer belehrt.

In den Slums von Palembang, nahe dem Musi-Fluss, wird in den Pfahlbauten Fernsehen aus Hongkong geguckt. Beliebt sind Kriegsfilme. Die Häuser sind blitzsauber, die Planken blank gescheuert. Als Scheuerwasser dient das Flusswasser. Wasserleitungen in die Häuser gibt es nicht, Toiletten auch nicht. Die Toilette ist der Fluss oder ganz einfach der Untergrund unter den Pfahlbauten. Alle drei Tage steigt der Fluss über seine Ufer und nimmt die Fäkalien mit, alle drei bis fünf Monate wird der Rest der Notdurft unter den Pfahlbauten mit Gift besprüht. Die indonesische Regierung zieht die Flugzeugindustrie, vierspurige Autobahnen, Hightech einem ordentlichen Abwassersystem vor. Der Einsatz von Chemie ist billiger. Die Ratten scheinen sich an diese Prioritätenliste gewöhnt zu haben. Sie überleben, egal wie hochprozentig gesprüht wird.

Die Slumbewohner wollen teilhaben am Wirtschaftsboom. In den Pfahlbauten am Fluss versucht man fast rund um die Uhr in Heimarbeit den Anschluss nicht zu verlieren. Sarongs werden gewebt, um die Familie zu ernähren oder die Satellitenschüsseln zu finanzieren, Wasserträger, die das Wasser vom Fluss in die Pfahlhäuser tragen, finanzieren sich ihre Schulgebühren. Lastwagenfahrer, Gelegenheitsarbeiter, Maurer, Schreiner, Straßenbauarbeiter, alle auf engstem Raum im Slum zu Hause, arbeiten rund um die Uhr, ihre Kinder sollen es besser haben, während sich die ausgeuferte Bürokratie in Indonesien manchmal am Bleistift fest hält.

VERHEDDERT IN SITTEN

In Indonesien werden Frauen, Mädchen nach wie vor beschnitten. Zwei westeuropäische Männer, Experten, die zum muslimischen Glauben übergetreten und mit indonesischen Frauen verheiratet sind, lassen diese Sitte auch bei ihren Töchtern zu. Der eine ist zwar etwas beschämt und sagt, er sei von seiner Frau nicht gefragt worden, sie habe die Beschneidung der Tochter nach der Geburt noch im Krankenhaus angeordnet, die kleine Beschneidung. Auf den Einwand, dass damit das Sexualleben seiner Tochter für immer beeinträchtigt sei, sagt er – nun noch beschämter – leise: »Ja.« Und noch einmal, er sei nicht befragt worden. Der andere Experte, in zweiter Ehe mit einer Indonesierin verheiratet, meint lakonisch, die schneiden hier nicht so viel weg wie anderswo, nur ein bisschen. Auf die Frage, ob er sich auch ein bisschen habe beschneiden lassen, als er vor einigen Jahren konvertierte, sagt er sehr bestimmt: »Nein, nein, natürlich nicht.«

DAS ANDERE INDIEN

Die untersten Kasten in Indien erhalten von Zeit zu Zeit andere Namen, je nachdem, welche Political Correctness gerade angesagt ist. Zu Mahatma Ghandis Zeiten hießen sie die »Hariyans«, jetzt heißen sie die »Scheduled Class«, fortschrittliche Inder, die sich nicht der offiziell verordneten Sprache der Political Correctness anschließen, nennen sie »Dhalits«.

Den Dhalits, den Dhobies, den Unberührbaren, wird seit Jahren mit Entwicklungshilfe beim Häuserbau geholfen. Häuserbau? Es sind in der Regel 1-Zimmer-Häuser, denen manchmal noch ein Küchenraum angeschlossen ist. Gemäß der Landessitte im ländlichen Indien sind den Häusern keine oder nur in sehr seltenen Fällen Latrinen angebaut oder separat in der Nähe der Häuser. Nach wie vor geht man aufs Gemeinschaftsfeld. Und so mancher Feldbesucher klagt über Schlangenbisse und Skorpione. Die Kinder und die Alten bleiben mit ihrer Notdurft im Dorf, manchmal hocken sie am frühen Morgen in den Gassen der Dörfer.

Während in Bangalore die Software für die westliche Welt produziert wird, die Lufthansa ihr Computerprogramm erstellen lässt, herrschen 350 km südlich der Zivilisationsinsel Bangalore mittelalterliche Zustände. Betroffen von der vorerst letzten Horrorgeschichte aus dem Mittelalter sitzt der 72-jährige britische Brother James in einer Montessori-Schule in Periyakulam, seinem Lebenswerk. Hunderte von Kindern armer Dorfbewohner besuchen allmorgendlich die Schule. Sie defilieren an Brother James vorbei, der zufrieden auf seinem Bänkchen sitzt. Eine kleine Gruppe von sechs bis acht Kindern, geführt von einer Kinderdorf-Mutter, macht auf dem Hin- und Rückweg Halt bei Brother James. Diese Gruppe bezeichnet er als seine Kinder. Ihnen wird besondere Zuneigung zuteil. Sie besucht er am Abend in ihrem Haus. Den Mädchen zupft er die Röckchen und die Blumen im Haar zurecht, bevor sie weiter dem Schulweg folgen. Die übrigen Kinder grüßen Brother James mit dem tamilischen Gruß, die Hände landesüblich vor der Brust gefaltet. Anfänglich grüßten sie Brother James mit der rechten Hand an der Stirn. Der militärische Gruß missfiel dem Briten. Die Kinder dachten, die Europäer würden sich so grüßen.

Die Idylle auf dem Schulgelände trügt. Anfang Dezember 1996 berichtet uns Brother James tief bestürzt, dass eines der Montessori-Kinder entführt, vier Tage gefoltert und anschließend in den Fluss geworfen worden ist. Neun Jahre ist das Mädchen geworden. Man ruft Brother James zur Identifizierung der Toten. Sie war so entstellt, dass sie kaum noch zu identifizieren war. Die Polizei behauptet, die 9-Jährige habe Selbstmord begangen. Mit neun Jahren? Was hat das Mädchen, das im November noch lustig und froh in die Schule kam, getan? Sie ist die Tochter eines unabhängigen Kandidaten während der lokalen Wahlen in Tamil Nadu. Möglicherweise hat ihr Vater den dicken, öligen, speckigen und korrupten Dorfpolitikern Stimmen weggenommen. Nun ist seine Tochter tot, gefoltert und nachts mit dem »Ambassador« zum Fluss gefahren worden. Alle Lehrer haben einen Brief an den Chief Minister in Tamil Nadu unterzeichnet und um Aufklärung gebeten. Jeden Abend reden wir darüber, weil die Geschichte so unfassbar ist. Wir sitzen dann im Gemeinschaftsraum auf einer direkt aus der Wand heraustretenden, farbig angestrichenen Zementbank. In den Händen halten wir einen Blechteller mit indischen Reisplätzchen, vegetarischen Gerichten und trinken gefiltertes Wasser. An diesem Abend schmeckt uns nichts.

Die Geschichte ist in den Dörfern geschehen, die wir am Tag besuchen, wo uns die Dhobies, die Wäschewascher, stolz ihre Häuser mit Ziegeln zeigen. Sie erzählen uns, dass sie – seit sie ein festes Haus mit festem Dach besitzen – von ihren Auftraggebern, der nächsthöheren Kaste, im Dorf erstmalig mit Namen angeredet werden. Als sie noch in den grasbedeckten Hütten wohnten, mit ihren Löchern in den Dächern, den vielen Regenlöchern in den Wänden und den Ratten, rief man sie nur immer Dhobie. Nun haben sie einen Namen bei ihren Arbeitgebern!

Nicht nur in Tamil Nadu existiert das Mittelalter in den Dörfern. In Andrah Pradesh, nahe dem Dorf Keelavelyur, haben Nachbarjungen einer höheren Kaste eines der jungen Mädchen aus Keelavelyur vergewaltigt und in den Brunnen gestürzt. Auch hier behauptet die Polizei, die 18-Jährige habe Selbstmord begangen. Die offizielle Version zwecks Vereitelung einer Straftat scheitert am beherzten Auftreten des Leiters einer indischen Nichtregierungsorganisation. Er wird bei der Polizei für die Dorfbewohner, mit denen er seit Jahren arbeitet, vorstellig und erwirkt die Verhaftung der Jugendlichen.

Deutsch-indische Missverständnisse

In Ganga Palem, einem kleinen Dörfchen in Andrah Pradesh, holt eine junge Frau zwei Bettgestelle aus ihrem 1-Zimmer-Haus. Auf eines darf ich mich setzen, sie nimmt auf dem anderen Platz. Sofort sind wir von vierzig bis fünfzig Dorfbewohnern umringt, zumeist Frauen und Kinder. Während wir uns freundlich unterhalten, erscheint ein wütendes Gesicht. Jemand flüstert mir zu, es sei ihr Ehemann. Die Frau, die bis vor wenigen Minuten noch bereitwillig Auskunft gegeben hat, freundlich lächelte und wohl auch ein wenig stolz war, dass sie interviewt wurde, verstummt. Ihr Gesichtsausdruck ist völlig verängstigt, während das Gesicht ihres Mannes vor Wut fast zerplatzt. Der Übersetzer sagt mir, ich müsse ihren Mann interviewen. Ich antworte, ich möchte mit der Frau sprechen. Aber als ich sehe, dass sie nun völlig verängstigt am Ende ihres Bettgestells hockt, wo sie noch vor wenigen Minuten in der Mitte thronte, befürchte ich, dass der Mann sie verprügeln wird, sobald ich das Dorf verlasse.

Freundlich lächelnd wende ich mich dem wütenden Gesicht zu. Ich sage ihm, dass ich ihn später interviewen würde. Es hilft nichts. Die Frau antwortet auf keine Fragen mehr. Wieder wende ich mich lächelnd an das wütende Gesicht und sage dem Ehemann, ich würde ihn JETZT interviewen und bitte ihn, auf dem Bettgestell mir gegenüber Platz zu nehmen. Er setzt sich, die Frau springt auf. Ich bitte sie, sich wieder zu setzen, ich würde im Anschluss an das Interview mit ihrem Mann weiter mit ihr sprechen. Sie schüttelt den Kopf. Der Übersetzer erklärt mir, dass Mann und Frau nicht auf dem gleichen Bettgestell sitzen dürfen. Halb entschuldigend an das Ehepaar gewandt, sage ich freundlich lächelnd, dass ich aus einem Land komme, wo Mann und Frau auf dem gleichen Bettgestell sitzen dürfen, und beginne den Ehemann zu interviewen. Er strahlt über das ganze Gesicht. Fast zwanzig Minuten unterhalten wir uns.

Danach kann ich das unterbrochene Gespräch mit seiner Frau fortsetzen. Er hat keine Einwände mehr und lädt sie mit großzügiger Geste ein, sich auf das Bettgestell zu setzen, gemeinsam mit ihm. Sie begibt sich wieder dorthin, wo sie vorher ängstlich gesessen hat, am Ende des Bettgestells. Nach der ersten Frage unterbricht mich der Übersetzer, der Ehemann möchte noch etwas sagen. Ja, sage ich und höre zu. Der Ehemann senkt den Blick, ist verlegen, sein Gesicht verfärbt sich. Es sei das erste Mal, dass er mit seiner Frau gemeinsam auf dem Bettgestell sitze. Das sei mein Verdienst. Dann darf ich seine Frau weiter interviewen.

Später verabschieden sich beide gut gelaunt von mir, zeigen stolz ihre drei Kinder, die sie in die Schule schicken, die mit Hilfe des Projektes errichtet worden ist. Der Ehemann kommt noch mal zu

unserem Wagen und sagt, dass es noch viele Arme im Dorf gibt, denen geholfen werden müsste. »Ja«, sage ich, und winke ihm zum Abschied zu.

TEEPFLÜCKER

In Bettatti Anna Nagar nahe Nilgiris Kotagiri in Tamil Nadu liegen die Wolken schwer auf der Hillstation. Es hat geregnet. In den Tee-Anbaugebieten kleben die Hütten an den Hügeln, durch die Grasdächer tröpfelt der Regen. In den Hütten offenes Feuer, vor dem die Kleinsten hocken oder über das die Babys gehalten werden, um sie zu wärmen. Mir tränen vor Rauch die Augen. Nur 30 Cent verdienen die Teepflücker am Tag.

Vor vielen Jahren waren die Teepflücker dieser Gegend als Unberührbare auf die Teeplantagen nach Ceylon ausgewandert. Dort lebten sie in festen Häusern der Plantagenbesitzer, es gab Schulen und eine Gesundheitsversorgung. Dann wurde Ceylon unabhängig, nannte sich Sri Lanka. Alle Personen, die nicht die Staatsbürgerschaft Sri Lankas besaßen, mussten umgehend das Land verlassen.

Indien nahm seine Unberührbaren wieder auf, nun kleben sie wieder an den Berghängen in Tamil Nadu zu noch unwürdigeren Bedingungen als vor der Auswanderung, und wieder pflücken sie Tee. Den ersten Rückwanderern wurden vom indischen Staat noch zahlreiche Vergünstigungen gewährt, später ließ dieses Engagement rapide nach.

In den feuchten Häusern an den Hängen ist die Tuberkuloserate extrem hoch, die Gewalttätigkeit der Männer auch. Vergewaltigung gilt als Kavaliersdelikt.

Wohltuend nehmen sich in dieser Trostlosigkeit die Häuschen aus, die mit Entwicklungshilfe gebaut worden sind. Sie unterscheiden sich von den so genannten Government-Häusern, die regelmäßig während des Wahlkampfes von einzelnen Kandidaten spendiert werden. Die Government-Häuser befinden sich häufig nach kurzer Zeit in einem furchtbaren Zustand, da vom Politiker bis runter zum Hausnutzer viele Hände an dieser »Wohltat« verdient haben. Diese Häuser sind nicht richtig abgedichtet, Regenwasser bahnt sich seinen Weg von oben und durch die Seitenwände. Grundwasser steht während der Regenzeit Zentimeter tief in den Wohnungen. Die Bewohner schlafen dann in Hängematten über den feuchten Böden, über ihnen Plastikplanen, die vor den durchlässigen Rissen in den Zementdächern schützen sollen. Im Sommer verwandeln sich diese Zementräume in Brutkästen. In Sichtweite dieser »Wohltaten« indischer Politiker stehen die Häuschen, die mit Entwicklungshilfe gebaut worden sind. Ihre Dächer haben Ziegel, die einzeln ausgewechselt werden können. Der Regenzeit halten sie stand. In diesen Häusern kann man atmen, was in den feuchten Häusern aus Wahlkampfspenden und in den mit Gras bedeckten Hütten mit offenem Feuer schwer fällt.

GELDVERLEIHER

Viele indische Dorfbewohner sind beim Geldverleiher hoch verschuldet, obwohl es nach indischem Gesetz eigentlich keine Moneydealer mehr geben darf. Geht man nicht zum Geldverleiher, geht man zum Landlord. Die Landlords sichern immer noch der Mehrheit der Dorfbevölkerung das Überleben, manchmal nicht mal das. Auf die Frage, wie die armen Tagelöhner jemals ihre Schulden zurückzahlen wollen, antworten sie: »We pay the interest rate, not the principal rate.« Sie haben zum Teil keine Ahnung, dass sie schon mehr Zinsen zurückgezahlt haben als der ursprüngliche Kredit je betragen hat. Manchmal schaffen es indische Nichtregierungsorganisationen, die Dörfer zu entschulden und das Geschäft der Geldverleiher auszutrocknen.

Byzantinische Geschichten aus Pakistan

Im Oktober 1992 sprach man in Pakistan vom »Plunder of Pakistan« (die Plünderung Pakistans), gemeint war die Regierung von Nawraz Sharif, die sich schamlos bereicherte. Nawraz Sharif wurde von Benazir Bhutto abgelöst, die damit zum zweiten Mal Premierministerin wurde. Aber Ende 1996 wurde auch sie abgesetzt, auch hier der Vorwurf: The Plunder of Pakistan. Benazir Bhutto muss ihre Ausbildung in Oxford und in den USA vergessen haben, seit sie 1987 von ihrer Mutter und ihrer Tante verheiratet worden ist. Ihr Ehemann, ein Sohn einer Feudalfamilie, der ihr Stimmen sichern sollte, hat sich mittlerweile die Taschen voll gestopft. Kurz vor der Absetzung machte ihn seine Frau noch zum Investitionsminister. 1997 sitzt er unter Korruptionsverdacht in Karachi im Gefängnis. Seine abgesetzte Frau gibt derweil schreckliche Interviews, die immer in der gleichen Anklage gegen Präsident Leghari enden: »I picked him up from nowhere and made him what he is today« (ich habe ihn aus dem Nichts geholt und zu dem gemacht, was er heute ist). Leghari sei schuld an ihrer persönlichen und politischen Tragödie. Tag für Tag wiederholt sie ihre Anklage wie ein trotziges Kind. Derweil versucht ihre libanesische Schwägerin Ghinva Bhutto, Frau des ermordeten Murtaza Bhutto, der jahrelang im syrischen Asyl lebte und im Herbst 1996 nach seiner Rückkehr nach Pakistan in Karachi auf offener Straße erschossen wurde, eine Murtaza-Bhutto-Partei zu gründen. Benazir Bhutto behauptet, ihre Schwägerin nie getroffen zu haben, Ghinva lädt Benazir ein, ihrer Partei beizutreten. Benaziris Mutter, die Iranerin und zweite Frau des legendären Zulfikar Bhutto, der Ende der Siebzigerjahre durch die Militärdiktatur Zia Ul Haque gehenkt worden war, soll – so die Gerüchte in Pakistan – derweil schwer erktrankt sein. Zwei ihrer Söhne wurden ermordet, ihr Ehemann gehenkt, Benazir – ihre Tochter, der sie den Mann aussuchte, der die Familie ins Unglück stürzte – hat nach Meinung der Mutter den Familiennamen Bhutto durch politischen Dilettantismus befleckt. Sie sollte sich nicht mehr Bhutto nennen.

450 Familien sollen Pakistan unter sich aufgeteilt haben, manche sprechen von 250 Familien. Um in Pakistan voranzukommen, muss man Kontakt zu diesen Familien bekommen. Damit wird die Zeit verbracht. Währenddessen schaffen die Nachbarländer wirtschaftliche Fakten und Pakistan versinkt weiter bis zur nächsten Plunder-of-Pakistan-Bewegung. Nicht einmal Imran Khan, dem internationalen Krickspieler, gelang es, bei den letzten Wahlen eine Bresche in dieses verwobene Netz der wenigen hundert Familien zu schlagen. Er wurde als Präsidentschaftskandidat nicht ernst genommen. Nawraz Sharif gewann die Wahlen im Februar 1997 mit Zweidrittelmehrheit. Die Wirtschaft setzte auf ihn, denn tiefer konnte sie nicht mehr sinken. Aber solange die feudalistische Klientel den Ton angibt, wird sich auch unter Nawraz Sharif wenig ändern. Moderne Unternehmer in Lahore und Karachi bleiben weiterhin eine Minderheit.

Nawraz Sharif versprach dem Land bei seinem Amtsantritt im März 1997, Pakistan nicht nur zu einem asiatischen Tiger machen zu wollen, sondern zu einem Welttiger! Als Erstes hat er daher den Sonntag zu einem Feiertag erklärt und den Freitagnachmittag lediglich zum Beten freigegeben. Denn – so Sharif – mit Freitag als Feiertag könne man nicht ausreichend am Weltmarkt teilnehmen.

Bei Staatsgründung war der Sonntag der freie Tag der Woche gewesen. Unter Zulfikar Bhutto wurde der Freitag zum freien Tag und der Sonntag zum Arbeitstag erklärt, um der orthodoxen Klientel zu gefallen. Die Mullahs schrien im März 1997 kurz auf, aber die »Straße« marschierte nicht gegen Sharifs Beschluss. Der Sonntag war eingeführt, der erste Schritt zum Welttiger gemacht.

SAIMA

Saima, 22 Jahre, Tochter aus reichem, konservativ muslimischem Haus in Lahore, verliebt sich in den Tutor ihres Bruders, einen ärmeren, nicht standesgemäßen Pakistani. Die Eltern sind dagegen, sperren die Tochter ein, suchen ihr einen Mann nach eigener Wahl,

Heirat ist in Pakistan schließlich ein Geschäft, das eiskalt kalkuliert wird. Gefühle sind zweitrangig, in manchen Fällen eher störend. Eine Tochter muss nach Möglichkeit bis zu ihrem 25. Lebensjahr verheiratet sein, soll sie noch »gut weggehen«.

Saima wird unter Verschluss gehalten, sie schafft es aber, in Abwesenheit ihrer Eltern Kontakt mit ihrem Geliebten aufzunehmen. Sie plant ihre Flucht, zieht in das Frauenhaus einer der bekanntesten pakistanischen Rechtsanwältinnen, bleibt dort fast ein Jahr, während die Rechtsanwältin für sie das revolutionäre Urteil im März 1997 erstreitet, dass Töchter sich ihren Mann frei wählen können, ohne Zustimmung der Eltern. Das Urteil des Gerichts in Lahore wird von den fortschrittlichen pakistanischen Frauen tagelang gefeiert. Dann setzt eine unglaubliche Schlammschlacht in den pakistanischen Zeitungen ein. Saima wird im Frauenhaus in Lahore, das sie ein Jahr nicht verlassen konnte, von dem Rechtsanwalt ihres Mannes abgeholt. Sie ist für mehrere Tage verschwunden. Sofort wird der Rechtsanwalt verdächtigt, Saima vergewaltigt zu haben, während Saima verdächtigt wird, sich in den Rechtsanwalt verliebt zu haben; der Bruder klagt, zur Rettung der Familienehre gegen den Rechtsanwalt wegen Vergewaltigung seiner Schwester. Der Rechtsanwalt wird verhaftet und für zwei Wochen ins Gefängnis gesteckt. Aus dem Gefängnis droht er, den Bruder Saimas wegen Verleumdung anzuklagen, währenddessen gibt Saimas Vater eine Pressekonferenz. Saima taucht im Frauenhaus in Rawalpindi auf und gibt ihrerseits eine Pressekonferenz, in der sie abstreitet, eine Affäre mit dem Rechtsanwalt ihres Mannes gehabt zu haben. Die Presse vermutet, dass Saimas Familie dieses Drama inszeniert habe, um ein Absetzen Saimas ins Ausland zu verhindern. Saima und ihr Mann tauchen unter, der Rechtsanwalt saß Ende März 1997 immer noch im Gefängnis. Die Presse spekuliert weiter: Saima und ihr Mann könnten versuchen, sich ins westliche Ausland abzusetzen, Kontakt mit Menschenrechtsorganisationen aufzunehmen und dann ihre Story meistbietend verkaufen, so eine Version. Die andere Version: Innerhalb eines Jahres ist einer von beiden oder sind beide tot, ermordet von uneinsichtigen Muslimen, beauftragt von der Familie. Was bleibt, ist das revolutionäre Urteil von Lahore Anfang März 1997: Pakistanische Frauen können sich ihren Mann selbst aussuchen.

Pakistanische Luftverschmutzung

Die Umweltverschmutzung in Lahore ist so stark, dass es Tage gibt, an denen man am liebsten nicht atmen möchte. So auch im März 1997. In dieser Zeit der schlechten Luft wird die pakistanisch-türkische Freundschaftswoche zelebriert. Sie konzentriert sich vor allem auf das Hotel Pearl Continental. Staatspräsident Demirel und Frau erscheinen, rund um das Pearl sind auffällig unauffällig die berühmten Lastwagen geparkt, dazwischen jede Menge Zivile und Militärs. Im Garten singt eine türkische Sängerin, tanzen türkische Männer den Schwertertanz. Die laizistische Türkei zu Gast in der muslimischen Republik Pakistan, die 1997 fünfzig Jahre wird. Gefeiert wird der Staatsgründer Jinnah, der die Teilung des Kontinents kurz vor seinem Tod, von der Tuberkulose gezeichnet, maßgeblich beeinflusst hat. Diese Teilung hat Indien besser überstanden als Pakistan. Indien hat sich bewegt. Zwar sind die Unterschiede zwischen Arm und Reich weiterhin sehr krass, aber Indien hat hoch entwickelte Gebiete, in denen die Software für die Weltmärkte produziert wird. Pakistan hingegen befindet sich nach wie vor in den Händen weniger Feudalisten, die alle Entwicklung verhindern, auch wenn ihre Kinder an den besten westlichen Universitäten ausgebildet werden. Zurück in Pakistan, betreiben sie das alte feudalistische Machtspiel. Kritische Rückkehrer werden mundtot gemacht oder wieder in den Westen getrieben.

Demokratische Gehversuche in Nepal

Das Flugzeug windet sich in immer engeren Kreisen hinunter zur Plattform in Katmandu. Nach endloser Wartezeit auf dem Flughafen in Bangkok, sieben Stunden in einem Dayroom-Hotel im Flughafen, einer handtuchbreiten Kajüte, nur auf das Wesentliche beschränkt, fliegt man in die engen, für den Flugverkehr nicht ungefährlichen Bergtäler Nepals.

Das Erste, was in Katmandu auffällt, die Luft ist schlecht. Außerdem wird gestreikt. Eine kleine politische Gruppe hat einen Generalstreik ausgerufen, der das gesamte Land lahm legen soll, sich aber im Wesentlichen auf Katmandu beschränkt. Für uns heißt das, zu Fuß laufen, mehr nicht.

Demokratie ist noch neu in Nepal. Erst 1990 bekam das Land eine konstitutionelle Monarchie. Bis dahin schloss das Panchayat-System das Land dreißig Jahre mehr oder weniger von der demokratischen Außenwelt ab. Eingeklemmt zwischen Indien und China, mit den höchsten Bergen der Welt, war Nepal lange Zeit ein Kultstaat unter den westlichen Hippies in den Sechziger- und Siebzigerjahren. Das patriarchalische Panchayat-System, das vom Palast dirigiert wurde, kann so schnell nicht abgelegt werden. In den Neunzigerjahren praktizieren die unterschiedlichsten Nepalesen und ihre Gruppierungen Demokratie, so wie sie es sich vorstellen.

In der Demokratie ist alles machbar, nicht für alle, aber für diejenigen, die in den Städten das Sagen haben. Und schließlich gibt es auch noch die Nachbarländer, die auch irgendwie mitmischen. Die Nepali Congress Party wird zumindest im Grenzgebiet von der indischen Congress-Party beeinflusst. Der Nepal Unified Marxist Leninist Party und diversen Splittergruppen werden unterschiedliche Liaisons nachgesagt. Die Kommunisten und die Congress-Party lösen sich im regelmäßigen Wechsel gegenseitig ab. Gewöhnlich bringen Misstrauensvoten die jeweilig regierende Partei zu Fall, manchmal im halbjährigen Wechsel. Mittlerweile gibt einigen Nepalesen ihr Verhalten selbst zu denken. Es ist die Rede vom Fehlen einer parlamentarischen Kultur und von politischer Unseriosität, die demokratische Grundformen ins Wanken bringen.

Als wir im September 1997 ankamen, waren die Kommunisten gerade an der Macht, auf nationaler wie auf kommunaler Ebene. Erdrutschartig hatten sie die Kommunalwahlen gewonnen und so manchen korrupten Kongressmann auf Dorfebene aus dem Amt gefegt. Am Ende unseres Aufenthaltes, drei Wochen später, hatte auf nationaler Ebene ein Misstrauensvotum die Kommunisten wieder beseitigt. Zwei Abende vorher hatte ich während des Abendessens noch als Gesprächspartnerin neben dem kommunistischen Minister Amrit Kumar Bohara, Minister of Local Department gesessen. Er entschuldigte seine geringen Englischkenntnisse mit dem Hinweis, dass er solange im Untergrund gelebt habe und sich deswegen nicht habe fortbilden können. Ich sagte ihm, dass mich Untergrundgeschichten interessieren, aus Vietnam, aus Laos, aus Nepal. Wie lebt man im Untergrund? »Oh«, sagte der Minister, »hätte ich gewusst, dass Sie sich dafür interessieren, ich hätte Sie direkt nach

Malaysia 1998

unserem Gespräch heute Morgen vom Ministerium in die Partei-
zentrale geführt.« Ich lache und sage, es reiche, wenn er mir jetzt
ein bisschen davon erzähle. Zwei Tage später ist der Minister abgesetzt, ich erfahre es durch eine Sonderausgabe einer Zeitung, als ich
am Samstagnachmittag das legendäre Bhaktapur besuche. Ein Misstrauensvotum hat die Regierung zu Fall gebracht.

Was finanziert die Entwicklungshilfe in Nepal? Eselspfade! Ja, Eselspfade, nicht nur, aber auch. Durch angepasste Infrastrukturmaßnahmen soll abgelegenen Dörfern der Anschluss an die Versorgung im Speziellen und an die Moderne im Besonderen erleichtert werden. Denn in den Dörfern wird teilweise gehungert. Fischteiche, Bewässerungskanäle und Eselspfade sollen den Hunger lindern. Die so genannten Eselspfade sind schmale Pfade, die von Mensch und Esel benutzt werden. Wenn sie nicht regelmäßig gewartet werden, verwandeln sie sich in der Regenzeit in glitschige Rutschen und schließen die Bergdörfer von der Außenwelt ab. Traditionell werden sie mit dicken Steinen abgesichert, die in der Regenzeit aber auch ins Rutschen geraten. Also werden unter professioneller Anleitung Eselspfade angelegt, die zum Teil sehr elegant, Stufe für Stufe an den Hängen nach oben in die abgelegenen Dörfer führen. Zunächst ziehen sich die Wege relativ flach dahin, wenn man sie von Mudikuva/Parbat District aus betritt. Allenfalls stolpert man über ausgetretene und ausgewaschene schmale Spuren und dicke Steine, dann geht es serpentinenartig nach unten zum Fluss, der mit einer einfachen Hängebrücke überspannt ist. Ich halte mich rechts und links fest und schwanke hinüber. Nicht nachdenken, nicht nach unten sehen, nur auf den Weg konzentrieren und möglichst schnell schwankend ans andere Ende der Brücke gelangen. Es sollte nicht die letzte Hängebrücke über reißende Flüsse sein. Am Brückenende steht ein Empfangskomitee. Genau das wollte ich nicht. Ich hatte ausdrücklich darum gebeten. Aber hier beginnt der restaurierte Eselspfad. An jedem neuen Abschnitt steht ein neues Empfangskomitee. Jedes Mal werde ich mit geflochtenen Blütenkränzen beladen und ein roter Punkt wird mir zur Begrüßung auf die Stirn gedrückt. Beladen mit vielleicht vierzig Blütenkränzen steige ich Stufe um Stufe den schmalen Eselspfad nach oben. Da ich Ehrengast bin, kann ich das Tempo bestimmen. Zum Glück. Ich komme aus dem flachen Berlin direkt ins Hochland von Nepal. Für meine Begriffe gehe ich immer noch schnell. Mit Kunstgriffen versuche ich, das Tempo weiter zu drosseln. Ich bleibe an den Ausweichstellen der schmalen Treppen immer mal wieder stehen, setze mich auf einen Treppenabsatz und lasse mir die Infrastruktur oder die sozioökonomischen Zusammenhänge erklären. Das dauert gewöhnlich zwei bis drei Minuten, aber es hilft, in der wunderbar reinen Luft nach oben zu kommen. Die Luft ist wie Champagner. An uns vorbei ziehen ältere Frauen, beladen mit notwendigen Versorgungsgütern aus dem Tal. Ihr behänder Schritt kann einen neidisch machen. Aber ich schaffe es auch nach oben, über den am Berghang gewundenen Eselspfad, nur etwas langsamer.

Oben angekommen hat man einen wunderschönen Blick über die grünen Reisfelder und einen tiefen Blick in die hierarchischen Strukturen der Dorfgesellschaft. Man sieht es an der Kleidung und daran, wer zuerst reden darf. Die Dorfhonoratioren versuchen, einen Cordon Sanitaire um den Besucher zu legen.

Unten am Fluss sieht man die Zelte der Trecker, meistens Touristen aus Europa. Sie wissen gewöhnlich wenig von den Dörfern. Ihr Blick ist hier in Nepal auf Annapurna I, II, III gerichtet.

Indonesien – 1999

1995 war ich tief beeindruckt, wie sich das Land seit 1976 entwickelt hatte. In Indonesien hatte sich was getan, trotz elender Bürokratie, die alles kontrolliert.

Und nun, im Jahr 1999, war Suharto gezwungen worden, zurückzutreten, Habibie war an der Macht. Habibie hatte mehr als zwanzig Jahre in Deutschland gelebt, studiert, war bei Siemens aufgestiegen, Messerschmidt, Bölkow und Blohm seine Adressen, ein Haus in Schleswig-Holstein, ein Haus in Bonn, ein deutscher Pass, der ihm von Kanzler Schmidt zuerkannt worden war. Habibie leitete also 1999 seit anderthalb Jahren die Geschicke Indonesiens. Vom Ingenieur Habibie ist oft die Rede, der Politik eben wie ein Ingenieur mache und deshalb scheitern müsse.

Die Geschäfte der Chinesen sind häufig mit Brettern vernagelt, ihre Besitzer ins benachbarte Ausland geflohen. Der Straßenmob hatte einige von ihnen überfallen, ihre Geschäfte angezündet. Auch der Kurator des Schattenspielmuseums in Jakarta entstammt einer chinesischen Familie, die aus dem damaligen Rot-China geflohen war und sich in Indonesien niederließ. Nun sitzt sie in Hongkong und wartet ab. Nur er, der Sohn, der Kurator, ist in Indonesien geblieben und kümmert sich ums Museum, sein Gehalt bezieht er von der UNESCO.

Ost-Timor hat die Unabhängigkeit gewählt. Doch die indonesischen Milizen wollen das nicht anerkennen. Das Militär spielt eine undurchsichtige Rolle. Es kommt zu Massakern in Ost-Timor, während wir im »Mandarin Oriental« neben der Deutschen Botschaft in Jakarta sitzen. Wir sehen die Bilder im Fernsehen, in BBC, CNN. Viele Reporter übernachten im »Mandarin Oriental«, bevor sie nach Ost-Timor aufbrechen.

Aber Ost-Timor ist nicht das einzige Problem. In Jakarta laufen organisierte Demonstrationen vor der australischen Botschaft wegen Ost-Timor. Plötzlich ist die australische Friedenstruppe, die auf Anweisung der UN dem Gemetzel in Ost-Timor Einhalt gebieten soll, in den indonesischen Augen eine Besatzertruppe.

Ein weiteres Problem im September 1999 ist, dass das Militär noch schnell Notstandsgesetze durchs Parlament peitschen will, noch vor den Präsidentschaftswahlen. Die Studenten gehen auf die Straße. Es kommt zu Straßenschlachten vor der katholischen Universität in Jakarta. Am 29. September habe ich um neun Uhr einen Termin im Weltbankbüro. Der Fahrer nimmt den direkten Weg, vorbei an der katholischen Universität. Plötzlich befinden wir uns auf einem mit Pflastersteinen übersäten Abschnitt, rechts von uns zieht Militär auf, links laufen Polizisten, nur wenige Autos werden noch durchgelassen. Ein Student winkt dem Auto zu, es soll halten. Ein Privatauto hält an. Die Fahrer internationaler Organisationen haben Anweisung, nicht zu halten. Ich bin froh, dass das Privatauto den Studenten aufnimmt. Was ich zu diesem Zeitpunkt noch nicht weiß: Auf diesem Straßenabschnitt vor der katholischen Universität haben bis in die frühen Morgenstunden Straßenkämpfe stattgefunden, das Militär soll mit Gummigeschossen die Menge traktiert haben. Zurück bleiben acht Tote. Ihr Tod, die Atmosphäre, das Unheimliche war an diesem Morgen, nur wenige Stunden danach noch zu spüren. Mir fallen die Worte einer chinesischen Indonesierin ein, die ich 1995 getroffen hatte: »So was wie Jugoslawien kann auch hier passieren.« Ich sah sie damals ungläubig an.

Ich war neugierig, sehr neugierig. Meine erste Begegnung mit Zentralasien war Tashkent im April 2000. Genau genommen war es das Hotel »Usbekistan«, am späten Abend, so gegen 23 Uhr. Empfangen wird man von russischem Plüsch. Ein Riesensaal, das Personal döst hinter der Rezeption, im Hintergrund ein Riesengemälde mit Türmchen, Kuppeln, Minaretten, davor die Bestuhlung des Esssaals. Alles hier war überdimensioniert.

Vorm Hotel ein kleiner Park, wo nun Timur verehrt wird, er löste Marx, Engels und Lenin ab. Man besann sich auf seine alten nationalen Helden. In der gegenüberliegenden Fußgängerzone verkaufen Künstler selbst Gemaltes, bieten alte Männer an, das Gewicht der Vorübergehenden auf alterschwachen Waagen zu prüfen. Eine hochblondierte Russin lässt ihren Kanarienvogel gegen usbekische Sum Körner picken. Für 300 Sum, cirka 50 Cent, kann man Karaoke vorm Freiluftfernseher singen. Hier werden vor allem Renten aufgebessert. Fast am Ende der Fußgängerzone, rechts in einer kleinen Sackgasse, findet man noch alte Gemälde von Lenin, Stalin, die kaum noch einer haben will, und alte Gebetsbücher der deutschen evangelischen Gemeinde in Moskau von 1897.

Schräg gegenüber werden im neu erbauten Ital-Sowjet-Shoppingcenter Schuhe für umgerechnet 300 Euro verkauft. Die Glitzerwelt steht im Gegensatz zu den alten Mütterchen, die wenig weiter am Timur-Platz betteln, nicht aufdringlich, wie die Zigeunerkinder in der Fußgängerzone. Nein, zerfurcht und schlecht gekleidet nähern sie sich gewöhnlich sehr zögerlich und halten verschämt die Hand auf. Es sind die zurückgelassenen Alten der Russen, die Jüngeren haben sich aufgemacht in den russischen Teil der ehemaligen Sowjetrepubliken. Mittlerweile kümmern sich usbekische Familien um diese Fälle in der Nachbarschaft.

Im Hotel boomt derweil der Tourismus. Vor allem Seniorengruppen aus den USA, Frankreich, Israel und Deutschland reisen in Package-Touren nach Usbekistan, um Samarkand, Buchara zu sehen. Die Nostalgie der alten Seidenstraße hat den Westen erfasst.

Ein einziger Architekt muss für das gesamte sowjetische Imperium zuständig gewesen sein. Von Ost-Berlin über Tashkent, Bishkek, Osh, Khodzent, Khorog immer die gleichen Plattenbauten und Mietskasernen, häufig entlang breiter Straßen. In den Seitenstraßen findet man zum Glück noch ein- bis zweistöckige Häuser mit ihren Glas- und Holzveranden, gruppiert um Innenhöfe. Sie fangen das Licht ein, vermitteln Atmosphäre und stehen im auffallenden Gegensatz zu den düster wirkenden Wohnungen der Mietskasernen und nicht renovierten Hotelzimmern mit ihren dunklen Teppichen an den Wänden.

FLORA, DIE TATARIN

Flora, die Tatarin, zeigt mir Samarkand: die berühmte Gräberstraße, die Medresen, die wunderbaren blau und türkis schimmernden Ziegel. Es seien die Deutschen gewesen, die sich um die Restaurierung Samarkands verdient gemacht haben, klärt mich Flora auf. Unter Stalin seien sie aus Russland, aus der Ukraine, aus Weißrussland tief in die asiatischen Republiken des Sowjetreiches vertrieben worden. Es waren viele Wissenschaftler unter ihnen, die nach dem Schock der Vertreibung ihren Sinn in der Bewahrung der alten Kulturstätte Samarkand gesehen haben.

Es sieht so aus, als haben die Deutschen, die nach Usbekistan vertrieben wurden, wesentlich mehr Glück gehabt als diejenigen, die es in die sibirischen Wälder verschlagen hat. Die Usbeken ließen sie studieren, sie grenzten sie nicht aus. Tamaras Familie war aus der Ukraine vertrieben worden. Tamara war es möglich, eine anerkannte Übersetzerin für Literatur zu werden, nach dem Zusammenbruch dolmetschte sie für die Deutsche Bank. Ihre Kinder leben heute in Thüringen.

Flora war bereits zu Sowjetzeiten Fremdenführerin, sie spricht fließend Deutsch und Italienisch. Damals war es einfach, heute ist es besser, als Fremdenführerin zu arbeiten, so ihr Kommentar. Früher sei man angestellt gewesen, die Gruppen wurden einem zugeteilt. Jetzt muss man sich selbst bemühen, über Kontakte zu den Hotels oder Mundpropaganda. Ich hatte von Flora in Tashkent gehört. Besser ist es heute, weil Flora reisen darf. Als Tatarin galt sie als politisch nicht zuverlässig, man bestätigte ihr politische Unreife. Rom ist ihr Reiseziel. Deutschland hat sie schon besucht.

Die Deutschen haben sich während dieser Reise von ihren negativen und positiven Seiten gezeigt. Ihre Freundin im Taunus schickte sie zum Zahnarzt. Von einem süddeutschen Ehepaar, das sie durch Samarkand geführt hatte, war sie eingeladen worden, sich das Bayernland anzusehen. Der Hausherr beschuldigte sie jedoch, seinen Rasierapparat für ihren Sohn gestohlen zu haben. Erst einen Tag vor ihrer Rückkehr nach Samarkand kam der erlösende Anruf des Bayern in den Taunus, er hatte den Rasierapparat nur verlegt. Flora ist immer noch tief gekränkt.

Verkehrsmittel in Zentralasien

Die JAK 40, benannt nach dem russischen Ingenieur Jakovlev ist das unverwüstliche Verkehrsmittel, das einen sicher über die höchsten Berge Kirgistans und Tadschikistans bringt. Zwanzig bis dreißig Leute haben Platz auf abgeschabten Sitzen, in denen die Gurte nicht immer schließen. Der Eingang ist hinten. Über ein schmales Treppchen balanciert man sein Gepäck selbst in den Gepäckraum, der mit Netzen vom übrigen Innenraum abgeschirmt ist. Alles Gepäck hat man vorher auf die Waage zu stellen. Übergewichtige Flugzeuge sollen in der Vergangenheit schon mal abgestürzt sein oder es gar nicht erst vom Boden nach oben geschafft haben. Häufig sind die Maschinen überbucht, dann sitzen hinten entlang der Wand gegenüber den Gepäcknetzen schon mal zwei auf einem Sitz, gegen entsprechende Rubel.

Bis auf Dushanbe ist das Flughafenpersonal ausgesprochen nett. Das Wort »Germanski« beschleunigt im kirgisischen Bishkek und Osh manchmal die Kontrollen, ja es wird einem auch schon mal der Koffer zum schmalen Treppchen getragen. Das Dienst habende Personal antwortet dann auf das Wort »Germanski« mit Schwerin, Magdeburg und Potsdam. Soll heißen, es hat dort gedient. Man lacht sich an, die ehemalige Westdeutsche mit drei Worten russisch, und der ehemalige Soldat der Sowjetarmee in Deutschland mit drei Worten deutsch. Ich sollte noch mehr von ihnen treffen, nicht nur am Flughafen, auch als Kellner in den Hotels, die mir dann besonders gutes Brot besorgten.

Auf den kleinen Flugplätzen gibt es keinen Radar, über die hoch auftürmenden Berge wird nur bei gutem Wetter geflogen. So ist es durchaus nicht ungewöhnlich, bis zu zwölf Stunden auf einem

Flughafen zu hocken, zum Beispiel in Khodzent/Tadschikistan, um nach Dushanbe zu gelangen. Stunde um Stunde wird man vertröstet, die kleine JAK 40 schickt man nicht bei schlechtem Wetter los. Dann Hoffnung, dass eine große Antonov von Dushanbe kommen soll und die Gestrandeten auf dem Rückweg über das Gebirge bringen wird. Bis dahin verlassen die Wartenden den winzigen Flughafen. Im Armenischen Cafe in Khodzent wird etwas gegessen. Es schmeckt vorzüglich. Um 18 Uhr zurück zum Flughafen, um 20.30 Uhr wird der Flug ganz abgesagt und auf den nächsten Morgen verschoben. Die Antonov war zwar in Dushanbe gestartet, doch nach zehn Minuten wieder zurückgekehrt wegen heftiger Gewitter. So gewinnt man Vertrauen in das Fliegen in Zentralasien. Fliegt man über die schneebedeckten Gebirge mit ihren schmalen Tälern und tief eingeschnittenen Schluchten, ist man der tadschikischen Fluglinie zutiefst dankbar für ihre Fürsorge.

AUF SOROS SPUREN

Bishkek, früher Frunse, ist sehr grün im April. Es vermittelt den Eindruck einer kleinen verschlafenen Universitätsstadt. Nach dem Zusammenbruch der Sowjetunion finanzierte der weltbekannte amerikanische Spekulant ungarischen Ursprungs, Soro, die American University mitten in der Stadt. In der Nähe befindet sich ein Pub, in dem man abends amerikanische Dozenten und Dozentinnen und ihre Studenten treffen kann. Es ist nicht die einzige Spur Soros in Zentralasien. Das amerikanische Stipendienprogramm Freedom-Support-Act gab 1 200 Studenten aus der alten UdSSR die Möglichkeit, Englisch zu lernen und die USA zu besuchen. Man sollte sich vom alten Feind selbst ein Bild machen. Eine Tadschikin lernte auf diese Weise eine Polizistenfamilie in der Nähe von San Francisco kennen. Zum Abschluss des Aufenthaltes fuhr der Polizist sie mit seinem Polizeiauto durch San Francisco. Sie lacht herzlich, als sie mir das erzählt. Heute erledigt sie die Buchhaltung für eine westliche Organisation.

Die Gewinner des Umbruchs sind junge Zentralasiaten, die schnell Englisch lernten und heute der Transmissionsriemen des westlichen Geldes nach Zentralasien sind.

Zwischen Osh/Kirgistan und Murgab/Tadschikistan, Juni 2000

Do Swidanija, Tadschikistan

Wir fahren auf einer der höchsten Teerstraßen der Welt. Der Jeep windet sich langsam von Osh/Kirgistan auf 4 500 Meter in Murgab/ Tadschikistan. Elektrifizierung, Infrastruktur, Bildung, Gesundheit hat das Sowjetimperium bis in den letzten Dorfwinkel gebracht. Je höher wir kommen, desto langsamer die Bewegungen der kontrollierenden Soldaten. Es sind russische Soldaten. Die alte Sowjetunion hat sich die Außensicherung seiner ehemaligen Grenzen von den jetzt unabhängigen ehemaligen Republiken zusichern lassen. Es ist die Höhe, die den Soldaten zu schaffen macht, manchmal auch die Drogen, wenn sie uns mit verglasten Augen ansehen. Wir fahren an der chinesischen Grenze entlang, stundenlang. Links die Grenzanlage, rechts taucht irgendwann der Karakul-See auf mit seinem fast unwirklichen Türkisblau. Die Ruhe und die klaren Linien der Landschaft, ihre karge Schönheit, setzen sich tief ins Gedächtnis und lassen einen nie wieder los.

Hier oben haben die Sowjets Truppenplätze unterhalten, kirgisische Tadschiken versorgten die Truppen über ihre Märkte. Noch heute hält man an den Marktständen in Murgab fest. Aufgebaut auf einem Schotterplatz, wird an den Ständen ein sehr beschränktes Angebot feilgeboten. Die Truppenplätze gibt es nicht mehr, die Russen sind bis auf die Grenzsicherer abgezogen. Aber noch bleiben die Einheimischen auf diesem Schotter, hier auf dieser Höhe, wo nichts mehr wächst. Die letzten Jahre sind sie mit westlicher Nahrungsmittelhilfe versorgt worden. Die meisten Familien haben einen Gastarbeiter in Russland.

Wir übernachten auf 4 200 Meter Höhe in einer Jurte, nicht weit von Murgab entfernt. Sie ist in diesem Jahr erst Ende Juni aufgebaut worden, die Schneeschmelze war spät im Jahr 2000. Mitten in der Jurte ein Ofen, der mit Holz und Gräsern befeuert wird. Wir liegen, sitzen auf den Unterschenkeln und essen. Auch unsere Bewegungen sind langsam. Das Blut pulsiert in den Ohren. Man ist schnell erschöpft. Wächsern unsere Gesichter. Die Höhenkrankheit hat uns erwischt. Innerhalb von zwei Tagen nach einem Nachtflug über Istanbul auf 4 200 Meter Höhe, das verkraften die Tieflandkörper nur schwer.

Die Höhenkrankheit bewahrt uns aber vor dem typisch tadschikischen Mahl, einem Schafskopf samt Augen, mit viel Wodka zu verzehren. Er wird hereingebracht, wir sehen ihn an, aber wir dürfen bei Mineralwasser und Fladenbrot bleiben. Wir sahen unseren Gastgebern einfach zu wächsern aus.

Die bunten Teppiche und Kissen, auf denen wir sitzen oder liegen, geben dem Ganzen eine wärmende Atmosphäre, obwohl das Thermometer nachts unter null Grad fallen wird. Vier bis fünf Decken werden auf uns gepackt, ich teile mir die Jurte mit sieben Männern. Man schläft tief und gut bis fünf Uhr morgens. Ich bin die Erste, die draußen ist. Atemberaubend am frühen Morgen die Weite, die Kühle der Farben, ihre Klarheit. Reste von Schnee noch ganz in der Nähe.

Auf schnurgeraden Teerstraßen mit lang gezogenen Kurven fährt der Jeep langsam runter bis auf 2 400 Meter. Feste Häuser an den Straßenrändern, Menschen, Gärten. Die Bewegungen werden wieder schneller. Auf dieser Höhe kann man sich gut einrichten.

KHOROG ODER WELTPOLITIK
UNTER DEM BRENNGLAS

Mächtig gurgelnd bewegt sich der Fluss mitten durch Khorog in Gorno Badakhshan/Tadschikistan. An seinen Ufern beiderseits Teerstraßen. Rechts das kleine Städtchen Khorog mit seiner Hauptstraße, an der sich tagsüber alles abspielt. Hier sind die wichtigsten Organisationen, die die Region mit dem Lebensnotwendigen versorgen, die Universität, das Gästehaus, eine ehemalige Herberge der Partei. Hier begegnet man am Vormittag noch hoch dekorierten Veteranen des Zweiten Weltkriegs mit allen Orden auf der linken Brustseite. Aber man sieht auch abgerissene Gestalten, die verschämt selbst gesammelte Kräuter aus Körben verkaufen.

Auf dem Marktplatz wird zum Teil von den Ladeflächen der Lastwagen verkauft, Kleidung, Plastiksachen, Musikkassetten. In den Markthallen liegt rohes Fleisch direkt neben Plastiksandalen. Der Handel war hier wenig verbreitet. Nun versucht jeder, irgendetwas irgendwo zu verkaufen. Am besten sehen noch die Gemüsestände aus, wohl geordnet und frisch liegen die Gurken neben Kohlköpfen. Vor der Markthalle spielt einer die Ziehharmonika. Immer das gleiche Lied. Schifferklaviere oder Ziehharmonika sind in Zentralasien weit verbreitet, sie unterhalten die Gäste beim Essen mit traurig klingenden Liedern.

Der Kontakt zur internationalen Welt findet im Gästehaus statt, das früher der allmächtigen Partei gehörte. Direkt am Fluss ist es ein in sich stimmungsvoll geschlossenes Ambiente. Von weitem fällt es durch seine weiße Farbe und den verandenartigen Zuschnitt auf Pfählen auf. Im Inneren der Veranda liegen fünf Zimmer nebeneinander, unter denen der Flussrand, je nach Jahreszeit, überschwappt. Die Zimmer haben keine Nummern, sondern Flaggen als Kennzeichen. Die französische Flagge neben dem Union Jack, die amerikanische neben der deutschen. Oberhalb der Wohnveranda gibt es eine zweite Veranda, dazwischen Rasen mit Obstbäumen. Auf der oberen Veranda mit ihren knarrenden Holzdielen wird gegessen, Tee getrunken, geplaudert, man blickt auf den hoch aufragenden Felsen gegenüber am Fluss.

Wie überall in Zentralasien wird den sanitären Anlagen wenig Bedeutung beigemessen. Das Wasserleitungssystem ist mit dem Ende der Sowjetunion ebenfalls zusammengebrochen. Viele Häuser in der Stadt zapfen Wasser an den Zapfstellen entlang der Straße. Es soll einen jungen Schweizer gegeben haben, der eigens Rohrleitungen aus der Schweiz mitgebracht hat, um in bestimmten Bereichen westlichen Standard einzuführen.

Das kleine Städtchen Khorog ist die Hauptstadt von Gorno Badakhshan mit seinen ungefähr 200 000 Einwohnern. Gorno-Badakhshan Autonomous Oblast, kurz GBAO, ist die südöstliche Ecke Tadschikistans mit Grenzen zu China, Afghanistan und Kirgistan. Einige der höchsten Berge Zentralasiens können hier bestiegen werden: der Ismaili Somoni und der Lenin Peak, beide über 7 000 Meter. Nur zwei Straßen führen in diese Ecke der Welt, die Osh-Khorog-Verbindung und die Straße Dushanbe-Khorog. GBAO ist die Heimat der Pamiris.

Im 19. Jahrhundert wurde diese Ecke der Welt, bekannt als West-Pamir, vom Emirat Buchara und vom Schah von Afghanistan regiert. Am Ende des 19. Jahrhunderts stellten sich die Pamiris auf eigenen Wunsch unter russische Protektion, die durch den russisch-britischen Vertrag von 1895 besiegelt wurde. Während der Sowjetunion wurde West Pamir in die Tadschikische Sowjetrepublik eingegliedert.

Die Herrschaft der Sowjets brachte Bildung und Infrastruktur in diese abgelegene Gegend der Welt, Sekundarschulen in hoch gelegene Orte, eine Universität in Khorog. Ohne die Unterstützung der Sowjetunion wäre GBAO heute möglicherweise auf dem Niveau, das man auf der gegenüberliegenden Seite des Flusses sehen kann. Dort leben auch Tadschiken, nur eben auf afghanischer Seite. Dieser Teil Afghanistans gehört zurzeit zur Nordallianz, die die Taliban, radikale Islamisten, bekämpft. An diesem Teil des Ufers gibt es keine Teerstraßen und vierradgetriebene Autos, nein, auf schmalen Bergpfaden werden Esel vorangetrieben, ist jeder Winkel mit Gemüse und Getreide genutzt. Hauptsächlich Männer sieht man auf den Pfaden, vereinzelt Frauen. An dieser Nahtstelle zur Nordallianz, die inoffiziell von Russen, dem Iran und Indien unterstützt wird, ist die Politik der letzten zwanzig Jahre unter dem Brennglas zu besichtigen.

Das unabhängige Tadschikistan, das nach dem Zusammenbruch der Sowjetunion entstand, leistete sich bis Mitte der Neunzigerjahre einen Bürgerkrieg, der nur GBAO verschonte und in den sich die Pamiris aus den übrigen Teilen Tadschikistans flüchteten. Entlang der afghanischen Grenze zu GBAO operiert die Nordallianz Afghanis-

tans, die bis 1998 aus der Koalition des ehemaligen Verteidigungs-
ministers der kommunistischen Regierung Afghanistans, General
Ahmad Schah Massud, dem General Abdurraschid Dostum, dem
Führer der usbekischen Minderheit im Nordwesten Afghanistans,
sowie General Chalili, dem Führer der zentralafghanischen Hazará,
bestand. Diese drei Gruppen kontrollieren nur noch zwanzig Prozent Afghanistans. Die Grenze zwischen GBAO und Afghanistan
wurde von den Engländern im 19. Jahrhundert willkürlich gezogen,
ohne Berücksichtigung der ethnischen Zusammengehörigkeit auf
beiden Seiten des Flusses.

Auf tadschikischer Seite bewachen russische Truppen die Außen-
grenzen der ehemaligen Sowjetunion. Eigentlich soll es in diesem
Grenzabschnitt keine nachbarstaatlichen Kontakte geben. Nur, wo
wird dann der Drogenhandel abgewickelt, mit den die unterschiedlichen afghanischen Gruppierungen ihre Kriege finanzieren? Angeblich sollen achtzig Prozent des Drogenhandels über diesen Fluss
gehen. Im Juni 2000 verhaftete man in Moskau den Kommandie-
renden der russischen Truppen in diesem Abschnitt mit erheblichen
Kilo von Opium. Sofort wurde ein Truppenaustausch angeordnet.
Neue Truppen kontrollieren verschärft den Abschnitt Khorog-Ish-
kashim. Die deutschen Pässe werden von einigen russischen Offi-
zieren angelächelt, schnell beiseite gelegt, gefilzt werden die tadschikischen Begleiter. Die Deutschen werden auch schon mal mit
militärischem Gruß von den Russen verabschiedet. Manch ein Russe
versteht noch Deutsch.

Nur eine einzige Brücke verbindet die unterschiedlichen Lager des
Flussabschnitts. Auf afghanischer Seite steht ein riesiges blaues Zelt
der UN.

BATAN VALLEY

In Rushan grünt und blüht es im Juli. Gemüsegärten ziehen sich entlang der Straße. Haupt- und Nebenerwerbslandwirte wie Deutschlehrer haben sich nach dem Zusammenbruch der Sowjetunion organisiert und bauen sich ihre Nahrung selber an. In dieser Gegend sind
sie so erfolgreich, dass sie schon vereinzelt Überschüsse produzieren
und in die nächsten Orte vermarkten können. Deutsch-, Englisch-

und Französischlehrer findet man hier in den entlegenen Orten. In Barushan sagt mir ein freundlicher Deutschlehrer, ob ich nicht Marx' Spruch kennen würde, eine ausländische Sprache zu kennen, sei wie der Besitz einer Waffe. Dresden und Magdeburg hat er mal besucht, nun möchte er den Westen kennen lernen und natürlich neue Schulbücher haben. Aber diese Ecke der Welt hat die Bundesrepublik vergessen. Es gibt kein Goethe-Institut, kein Lehreraustauschprogramm, keine Stipendien, nichts, nicht einmal einen Rahmenvertrag für Entwicklungshilfe. Tadschikistan ist vom Radarschirm der Deutschen verschwunden, obwohl es nur durch einen Fluss von Afghanistan getrennt ist und in Deutschland so viel von Krisenprävention die Rede ist. Nur Nothilfe kann begrenzt geleistet werden.

Rushan ist der Ausgangspunkt ins Landesinnere, weg von der Grenze hinein ins Gebirge, hoch nach Razug und Basid. Waren die Straßen in Barushan und Rushan noch von Birken gesäumt, die Felder grün, so wird die langsam ansteigende Straße am Schotterberg entlang grau und eng. Nur ein russischer Jeep schafft diese Schmalspur. Links türmt sich der Schotter- und Geröllberg, in dem man Schiefer findet, höher und höher. Rechts fällt der Berg steil und steiler in den schnell fließenden Fluss hinab. Der Fahrer konzentriert sich auf die Spur. Es wird wenig gesprochen. Der Staub dringt ins Innere des Jeeps. In russischen Jeeps gibt es nur einen Ventilator, der sich müde an der Vorderscheibe über dem Fahrer dreht. Vereinzelt sieht man Holzbrücken über den Fluss geschlagen. Betreten möchte man sie nicht mehr. Sie bestehen an manchen Stellen nur noch aus einer Holzlatte, die anderen Latten sind weggebrochen, baumeln manchmal noch unter der verbliebenen Latte. Rechts und links kein Geländer zum Festhalten. Wer in den Fluss fällt ist verloren, die Strömung ist schnell und tückisch. Diese Straße wurde in den Achtzigerjahren von den Russen gebaut. Bis dahin mussten die Dorfbewohner zu Fuß gehen, in zwei Tagesmärschen von Basid nach Rushan. Jetzt geht man wieder zu Fuß. Seit dem Zusammenbruch der Sowjetunion gibt es kein Taxiunternehmen mehr. Busse fahren auch nicht. Für private Fuhrunternehmer lohnt sich die Fahrt nicht. Die Risiken und der Materialverschleiß sind zu hoch. Doch den Sowjets war hier nichts zu teuer, nahe der Grenze zu China und zu Afghanistan. Verdienten Genossen ließen sie für den Bau der Pamiri-Häuser hoch oben in Basid sogar Holz aus Sibirien schicken. Das Holz wurde von Sibirien mit dem Zug nach Dushanbe verfrachtet und dann mit dem Lastwagen die schmale Spur entlang der Berge nach oben transportiert. Das sibirische Holz war 1989 die letzte »Wohltat« der UdSSR. Deswegen denken hier auch noch so viele, dass die Zeiten der Sowjets irgendwann zurückkommen. Man müsse nur ein wenig abwarten.

Nach einer lang gezogenen Kurve um einen Berg herum plötzlich eine grüne Oase. Kleine Häuser ducken sich im Bergschatten. Hier haben eine Bibliothekarin und ein Lehrer aus Dushanbe Zuflucht vorm Bürgerkrieg im westlichen Teil Tadschikistans gesucht, Mitte der Neunzigerjahre, als in Dushanbe Jagd auf Pamiris gemacht wurde. Die Verwandtschaft gab ihnen ein karges Stück Land. Der Lehrer baut mittlerweile kleine Ghababs, Musikinstrumente, die er für zwanzig US-Dollar verkauft, um seine Schulden abzuzahlen, die Bibliothekarin strickt, wie alle hier, stocksteife Strümpfe, die für drei US-Dollar gekauft werden können. Der Verkauf dieser Strümpfe ist die einzige Einnahmequelle entlang der Schotterpiste am Berg. Ich komme mit zwanzig Paar Strümpfen zurück, um mich für die Gastfreundschaft zu bedanken oder auch, um denen meinen Respekt zu zollen, die hier den Schotterboden mit der Hacke aufkratzen, um sich ihre Nahrungsmittel zu produzieren. Alle, die ich hier treffe, haben die Schule besucht, hatten zu Sowjetzeiten andere Berufe, so manch einer war Kopfarbeiter, der sich jetzt wieder auf seine Hände verlassen muss.

Zwischen Razug und Basid ist vor zwei Jahren der Berg ins Rutschen gekommen, wie man hier sagt, er hat einen neuen See gebildet und die Straße umgeleitet. Das staubige Grau der Schmalspur und das Berggeröll wird immer wieder durch kleine grüne Oasen unterbrochen, es sind die Einsprengsel landwirtschaftlicher Nutzflächen von Großfamilien in der bizarren Berg-, Gesteins- und Geröllwelt.

Hoch oben in Basid werde ich von den Sprachlehrern der Sekundarschule am frühen Morgen nach der Nacht in einem Pamiri-Haus auf dem Gang zur Dorftoilette mit »bon jour« und »good morning« begrüßt. Ein Abiturient erzählt mir, dass er physikalische Mathematik studieren möchte. Zur Sowjetzeit wäre das kein Problem gewesen. Aber jetzt braucht er Verwandte in der Universitätsstadt, wo sonst soll er wohnen. Finanziert sein Vater ihn, bleibt kein Geld mehr für die übrige Verwandtschaft. Es sind zu viele hier oben. Das Land kann auf dieser Höhe nicht alle ernähren, manche haben Vieh. Aber es reicht nicht. Die satten Zeiten der Sowjetunion sind vorbei, die neuen Zeiten nicht gesichert. Eine alte Frau will eine antike Messingkanne der Familie verkaufen, um Mehl für die Kinder zu besorgen. Die Kanne stammt noch vom Großvater. Traditionelle Familienwerte gegen Mehl? Wenn sie Mehl kaufe, sei es nächste Woche aufgegessen und das Erbstück der Familie in Deutschland. Sie sieht mich an, versteht meinen Einwand und geht. Wenige Minuten später erscheint sie mit einer Holzschale, in der Öl aufbewahrt worden ist, ein Gebrauchsgegenstand. Ich kaufe sie, damit sie ihren Kindern Mehlspeisen bereiten kann.

Tadschikistan: Frauen im Bergdorf Basid, Gorno Badakshan, Juli 2000

AFRIKA

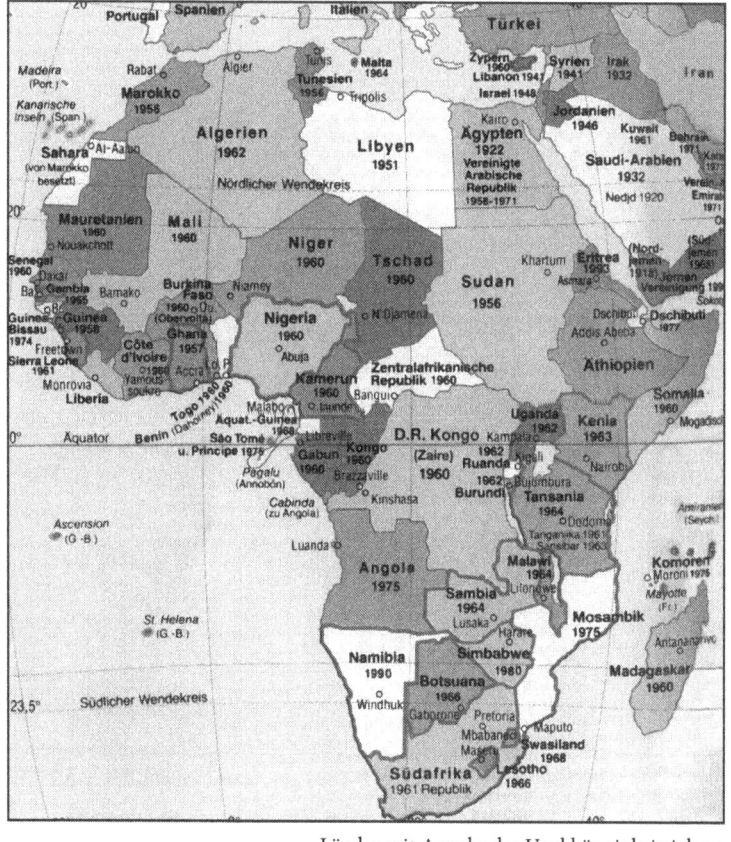

Länder mit Angabe des Unabhängigkeitsjahres

Djibuti 1986

Impressionen

Tagsüber 33° bis 35° C, nachts Abkühlung auf 25°C, Luftfeuchtigkeit um neunzig Prozent. Erst gegen Abend regt sich ein Lüftchen. Überhaupt wird die Stadt erst gegen Abend richtig munter, ab halb fünf. Während der Mittagszeit von 12 bis 15 Uhr liegt eine wohlige Schläfrigkeit über der Stadt. Die Arbeitsplatz-Besitzer und Arbeitsplatz-Sitzer eilen nach Hause, die Ausländer in den Klub Nautique am Hafen, die Bettler in den Schatten, in den Schatten der Bäume, aber vor allem in den Schatten der Kolonnaden der alten Kolonialhäuser im Stadtkern.

Neun Jahre nach der Unabhängigkeit riecht es immer noch nach Kolonialismus, mal penetrant, mal süßlich, mal nach Exerzierton, mal nach Urin. Die Hitze macht die Menschen gleichgültig gegen Gestank, gegen kolonialen Gestank, gegen den Gestank der Alltäglichkeit. Ab 16 Uhr legt sich sowieso über alles der grüne Schleier des Khat. Die erste, manchmal die zweite und in Einzelfällen die junge dritte Generation der sesshaften Nomaden männlichen Geschlechts in Djibuti-Ville verdrängt die Wirklichkeit jeden Nachmittag mit den Säften der Khatpflanze. Die Zähne sind mittlerweile grün geworden, grün vom täglichen Kauen; in den Wangen hängen kleine Ballsäckchen, die Zunge formt die kleinen Blätter im Gaumen zu Bällchen, die Bällchen werden in den Wangen gespeichert und ab und an dort gewendet. Manche Augen glänzen, von Gleichmut, von Liebe, von Abwesenheit, vom Woanderssein. Ein Lächeln umspielt die Lippen, auch die schmalen – nirgends Aggression. Die Fremden werden angelächelt, belächelt. Man stellt ihnen nicht nach, man bettelt sie nicht an. Man ist sowieso woanders. Alle kauen Khat, die Polizisten, die Männer in den Amtsstuben, die Männer in den *Quartiers*, die Männer und Jungs in den engen Straßen, auf den kolonialen Plätzen.

Selten kauen Frauen Khat. In vielen Fällen beschaffen sie ihren arbeitslosen Männern das Geld für die täglich frische Ware aus Äthiopien und dem Jemen. Als arbeitslos bezeichnen sich immer nur die

Männer, nie die Frauen. Sie sind nie ohne Arbeit, nie ohne Hausarbeit, nie ohne Arbeit fürs tägliche Überleben. »Ambulanten Handel« nennt man ihre Tätigkeit. »Fliegender Handel« wäre zutreffender. Die Fähigkeit zum Fliegen ist Voraussetzung zum Überleben: Vormittags wird der Tee aus Thermoskannen an den Straßenecken verkauft, vier Kannen pro Tag in der Regel, nachmittags Khat, abends Süßigkeiten und Crêpes. Die Kinder werden nebenher erzogen, müssen sich selbst erziehen. Die Kinder sind die größten Stützen der Frauen, nicht die Männer. Kleine Jungs arbeiten als Schuhputzer, kleine Mädchen verkaufen Erdnüsse oder halten mit drei bis vier Jahren die ersten Packen der einmal wöchentlich erscheinenden Zeitung. Bleibt beim täglichen Kampf ums Überleben Geld übrig, werden einige Kinder in die Schule geschickt, in die Koranschule, in die französische Schule, wo sie die Flüsse Frankreichs auswendig lernen.

120 Jahre hatten die Franzosen Zeit, 120 Jahre haben sie geherrscht, hinterlassen haben sie 1977 neunzig Prozent Analphabeten, keine Industrie, keine Landwirtschaft; nur einen Umschlagplatz für die Seefahrt, für die Eisenbahn, fürs Militär. Noch 1986 sitzen alerte französische Berater neben djibutischen Ministern, auch wenn diese ausländische Gäste empfangen. In den Vorzimmern sitzen sie sowieso.

Platz Menelik
Donnerstagnacht

Jeden Abend ist »Living Theatre«, Eintritt frei; geboten wird eine Mischung aus dekadentem Frankreich, Südfrankreich, Fremdenlegion, Kolonialismus, äthiopischen Exilanten und Geheimdienst sowie kleinen Straßenpolizisten, die sich vornehmlich abends als Menschenfänger in den benachbarten *Quartiers* betätigen. Sie klappern mit den blitzenden Handschellen oder tragen Orden, als Zeichen der Macht, der Ohnmacht. Schnappe sich wer kann, rette sich wer kann. Die Stadt soll gesäubert werden »von Elementen«, die keine Papiere besitzen, von Dieben. In Djibuti besitzen viele keine Papiere. Das Soll der Polizisten ist schnell erfüllt. Sobald sie ihr blitzendes Machtwerkzeug um die schmalen Handgelenke zuschnappen lassen, bringen sie ihre Opfer auf den mittleren Streifen, den Grün- und Parkstreifen des Platzes Menelik. Dort werden die Eintreffenden von zwei bis drei Polizisten in kurzen Hosen mit Holzknüppeln bewacht. Sobald die Menschenfänger ihre Ware abgeliefert haben, ziehen sie wieder los auf neuen Fang. Manchmal sitzen bis zu dreißig Personen auf der Mitte des Platzes und warten auf den Abtransport. Beäugt werden sie nicht nur von den Polizisten, sondern auch von den Besuchern der umliegenden Bistros, die gemütlich ihren Pastis trinken und Scampis verzehren. Von Zeit zu Zeit kommt ein klappriger R4, um die Gefangenen abzuholen. Da die Menschenfänger immer neuen Nachschub bringen, der R4 aber nur eine begrenzte Zahl aufnehmen kann, läuft diese Vorstellung im Halbdunkeln über Stunden.

Je nach Laune oder abendlicher Anweisung der Polizisten wird alles eingesammelt, Menschen mit und ohne Papiere, Schuhputzer, Erdnussverkäuferinnen. Sie alle werden ins Kommissariat gebracht. Dort wird sortiert. Die Menschen mit Papieren, die Schuhputzer, die Erdnussverkäuferinnen schlafen eine Nacht im Sitzen und werden am nächsten Morgen wieder entlassen. Bis zum nächsten Mal.

Während das Publikum aus dem Bistro-Parkett zuschaut – in den frühen und späten Abendstunden – wird nicht geprügelt, selbst Befehle werden leise gegeben. Ganz selten wird ein Holzknüppel als Drohgebärde in die Luft geschwungen. Nach Mitternacht, wenn sich das Publikum besäuselt nach Hause ins Bett oder in fremde Betten begibt, in den umliegenden Hotels die Airconditioner auf Hochtouren die Betten kühlen und die Schlafenden mit ihrem Krach betäuben, dann prügeln die Polizisten, schreien die Gefangenen: »J'ai rien fait« – »Ich habe nichts getan«. Ihre Schreie dringen noch aus dem davonfahrenden R4, gehen dem Hotelgast ohne Airconditioner durch Mark und Bein. Was hat er gemacht? Was machen sie nur mit ihm? Was macht der Gast?

In solchen finsteren Nächten werden Frauen vergewaltigt. Die Schreie wecken Gäste. Nachforschungen verlaufen im Dunkeln. In Djibuti wird vergewaltigt, ja, das streitet man nicht ab, aber das spiele sich in den Nebenstraßen, in den *Quartiers* ab, nicht auf den Plätzen. Nein, auf den Hauptplätzen geschieht so etwas nicht. Polizisten sind daran nicht beteiligt. Der Gast muss sich verhört haben.

Donnerstagnacht ist eine besondere Nacht am Platz Menelik. Es ist die Nacht des blinden äthiopischen Klavierspielers, ausgebildet in Karl-Marx-Stadt, es ist die Nacht der Fremdenlegionäre. Freitag ist Ruhetag. In die schwüle, feuchtheiße Donnerstagnacht dampfen äthiopische Liebeslieder, gesungen vom blinden Klavierspieler. Wieso behaupten alle, dass er ein Agent sei? Wessen Agent?

Alles Gerüchte oder ein Hauch von Casablanca in Djibuti? Donnerstagnacht singt er auf jeden Fall die schönsten Liebeslieder. Macht die Fremdenlegionäre sanft und besoffen. Sie grölen erst am frühen Morgen, wenn es den Klavierspieler nicht mehr gibt und die Sonne unbarmherzig aufzieht.

Angeregt durch die ersten Liebeslieder sind einige von ihnen auch schon in der frühen Nacht in die umliegenden Puffs gezogen, um dort ihren Beitrag zur Linderung der Hungerkatastrophe in Äthiopien zu leisten – so sagen sie. Ein großer Prozentsatz ihres Salärs fließe den äthiopischen Prostituierten zu, die wiederum schicken es den zurückgebliebenen hungernden Verwandten nach Äthiopien. Das Salär für den Dienst an der Waffe wird in Liebe und danach in Brot verwandelt. Fast werden die Fremdenlegionäre sympathisch.

Solche Gedanken verfliegen schnell durch das Legionärsgegröle vom Nebentisch: »Born in the USA, yeah, we hit Khadafi, yeah, born in the USA.« Wie sagte ein Legionär: »Mein Job ist, auf jemanden zu zielen, weil er auf mich zielt.« So einfach ist das.

Der dunkelhaarige Brite, seit dreieinhalb Jahren bei der Truppe, noch weitere anderthalb Jahre vor sich, beschreibt als sein schrecklichstes Erlebnis die Müllgrube in Belbela, Djibutis Slumgebiet. Pausenlos fahren hier riesige Bulldozer den Müll der Stadt ins Feuer. Kinder, die nach Essbarem suchen, müssen schnell sein, schneller als die Bulldozer. Als der Legionär zusah, war eine Kuh noch schneller als ein Kind, schnappte die Wasserflasche. Doch kurz bevor der Bulldozer kam, riss ein kleiner Junge der Kuh die Flasche aus dem Maul und trank selbst den Rest. Der beobachtende Legionär: 27 Jahre, ohne Schulabschluss, ohne Beruf, dafür viel gereist, Israel, Naher Osten; politisch informiert.

Viele Legionäre sind bei der Truppe, weil es die einzige Möglichkeit ist, zu überleben. Die Legion weckt sie, sorgt für sie. Wären sie nicht in der Legion, säßen sie wahrscheinlich auf der Straße. Was kommt nach den fünf Jahren in der Legion? Nach Legionärsgesetz kann man seine eigentliche Identität zurückerhalten. Morsen hat der Brite in der Legion gelernt. Morsen Zivilisten? Wenn ja, wo? Hat das England Thatchers Platz für ihn? Jetzt, nach der Ausbildung? Noch hat er anderthalb Jahre im Camp vor sich, geweckt, versorgt, abends Video, ab und an manierlicher Plausch mit durchreisenden Touristinnen, ab und an Le Puff, um die hungernden Mäuler Äthiopiens zu stopfen.

Freitagmorgen

Übrig Gebliebene der letzten Nacht, meist Fremdenlegionäre, sitzen ein wenig dumpf, mit glasigem Blick, an den Tischen unter den Kolonnaden. Dann und wann klappt eine Wagentür, heraussteigende Legionäre mit ihren Liebsten der vergangenen Nacht, zum Abschluss ein Frühstück unter den Kolonnaden. Zu den Soldaten gesellen sich dicke reiche Händler, an separaten Tischen, versteht sich, zum Kaffee, zum Schwatz, zum Geschäft. Vereinzelt trifft man auch französische Bürokraten, wenig Touristen oder einen einsamen Bürokraten einer Internationalen Organisation, der die Woche über zwischen politischen und wirtschaftlichen Flüchtlingen im Flüchtlingslager Dhikil nahe der äthiopischen Grenzen unterscheiden muss. Was hat Celso aus der Metropole Sao Paulo nach Dhikil verschlagen? Weiß er auch nicht. Er will zurück, so schnell wie möglich, ein Jahr ist genug.

Ein äthiopischer Bettler robbt auf die Kaffeetische zu. Seine Unterschenkel sind dürr wie Stricknadeln, er ist ein Bewohner des Flüchtlingslagers. Er braucht nicht zu betteln, er wird im Lager versorgt. Er hat sich jedoch von Dhikil nach Djibuti-Ville aufgemacht. Fast drei Stunden Autofahrt.

Die jungen Schuhputzer arbeiten sich auf der Terrasse von einem Schuh zum anderen. Mit einigen Kunden scheinen sie befreundet. Ihr Geld wird benötigt. Weil die Schuhriemchen indischer Sandalen fast nicht zu putzen sind, wird die Innenseite der Sandale eingecremt und blank geputzt. Abends scheuert man sich die Schuhcreme unter der Dusche wieder von den Fußsohlen. Bis zum nächsten Morgen. Die Schuhputzer warten schon, so wie die alte Frau mit dem Bauchladen wartet. Wie alt mag sie sein? Siebzig, achtzig oder nur sechzig Jahre alt? Streichhölzer, Zigaretten, Kaugummi bietet sie an. Der Kaugummi kommt aus Dänemark. Alles in Djibuti kommt woanders her. Celso kauft Streichhölzer, jedes Mal, wenn die Alte vorbeikommt. Er hat bereits ein Vorratslager, die alte Frau braucht sein Geld.

Am Freitag sind am frühen Morgen auch die blinden Bettler unterwegs, geführt von kleinen Jungs und Mädchen. Es sind vier oder fünf Bettler, immer dieselben. Sie müssen die Plätze untereinander aufgeteilt haben. Manchmal hat man den Eindruck, dass sie mehr Geld einnehmen als die Schuhputzer. Ein Blinder kommt allein. Tastet sich mit seinem weißen Stock an den Kolonnaden entlang.

Er scheint zu wissen, wo die Kaffeetische stehen. Im Hotel Menelik wacht ein livrierter Türwächter mit einem langen Holzstock, dass die Kaffeegäste nicht zu sehr belästigt werden. Nur wenige fliegende Händler, Schuhputzer und Bettler werden direkt an die Tische gelassen. Nach welchen Kriterien sie zugelassen, nach welchen sie abgewiesen werden, ist nicht zu durchschauen.

Der allein laufende Blinde darf die Kolonnaden nicht betreten. Er muss sich mit den Tischen an der Außenseite begnügen. An einem heiligen Freitag aber wagt er sich dennoch in das Innere. Plötzlich ein Geschrei, ein Tumult, der hölzerne Stock des livrierten Wächters kreuzt sich mit dem weißen Stock des Blinden. Jeder krallt mit der freien Hand den anderen. Die Bistro-Besucher sehen zu, niemand sagt etwas, niemand geht dazwischen. Nur eine europäische Frau eilt aus der hintersten Ecke der Kolonnaden zu den Kämpfenden. Die Stöcke sausen. Niemand hilft. Die Frau schreit: »Was machen sie, aufhören!« Der Polizist auf dem Grünstreifen hört das Geschrei, er eilt herbei und geht zwischen die Kampfhähne.

»Man prügelt nicht auf Blinde ein«, sagt die Frau.

»Aber Madame, dieser Blinde, er ist nicht ganz normal.«

»Normal, oder nicht normal, man prügelt keine Blinden.«

Der Franzose am Nebentisch zahlt die Teerechnung der Frau und fragt, ob Madame noch etwas zu trinken wünsche. Er hatte »no« gerufen, als sie sich einmischte. Jemand anders will sie zur Cola einladen. Das schlechte Gewissen der Zuschauer? Der livrierte Wächter drückt einem Bettler demonstrativ ein paar Francs in die Hand. Der Blinde war schon am selben Abend wieder da, außerhalb des Stockbereichs, an den Außentischen.

Nachtrag zum Platz Menelik

Fast ein Jahr später, am 18. März 1987, wird das »Living Theatre« am Platz Menelik durch eine Bombe im »Café L'Histoire« gegenüber dem Hotel »Menelik« erschüttert. Niemand weiß, warum. Elf Tote hinterlässt das Massaker, darunter drei deutsche Studenten der Universität Kiel, die mit dem Forschungsschiff »Meteor« auf dem Weg nach Goa waren.

Staatsbesuch in Bamako 1986

Der französische Staatspräsident in Bamako, Hotel L'Amitie. Drei Tage vor der Ankunft wird der Hotelgarten täglich in Nebelwolken eingehüllt. Alle Moskitos müssen verschwinden. Die französische Delegation darf nicht gebissen werden. Später bürgen Elitetruppe der malischen Fallschirmspringer für die Sicherheit des französischen Präsidenten. Nachts patrouillieren schwarze Polizisten mit französischen Sicherheitsbeamten. Im Hotel blickt man – wo man geht und steht – in Gewehrläufe der Elitetruppe, die Finger immer am Abzug. Mit diesem Tross stattet die französische Delegation auch Timbuktu einen Besuch ab. Kein Wunder, dass dabei die afrikanische Realität auf der Strecke bleibt.

Afrikanische Frauen

Früh um acht Uhr morgens in Abitifi. Der Regen prasselt aufs Blechdach. Die Tür zum zementierten Innenhof des königlichen Gebäudes steht offen. Queen Mother sitzt erhöht mit den Dorfältesten auf der Kopfseite des Innenhofes. An der rechten Seite – von Queen Mother aus gesehen – sitzen auf niedrigerem Niveau deutsche und ghanaische Dorfentwickler. Auch in ihrer Mitte sitzt eine Frau. Wenig später tauschen die Frauen im Innenhof in offiziellen Ansprachen Grüße und Gastgeschenke aus. Die Männer müssen notgedrungen zuhören. Vorher kreist nach Landessitte eine Flasche Schnaps. Ein weiterer Schnaps nach den Grußadressen festigt die deutsch-ghanaische Freundschaft.

Nana, eine der wenigen weiblichen Chiefs in Ghana, hat 16 Jahre in England gelebt. Ihr Mann unterrichtet noch heute in Washington, D.C. Seine Zeit als Rentner plant er jedoch in Ghana zu verleben. Kommentar seiner Ehefrau: »You always get the last part of him and all the American women stay behind.«

In der Gimbi-Region in Wollega/Äthiopien versorgt eine Bäuerin ihren kranken Mann und zwei Kinder der Nachbarin. Die Nachbarn verließen die Region während der Hungersnot 1984. Sie kehrten nie wieder zurück. Mittlerweile ist es 1988. Die Frau pflanzt ein bisschen und braut Hirsebier.

Hoch oben, an den Berghängen in Wollo hat eine Frau mit zwei Töchtern die Hungersnot überlebt. Sie gehört zu der Hälfte des Dorfes, die die Hungersnot überstanden hat. Die andere Hälfte, die zu lange von Gräsern lebte und zu lange auf den Regen wartete, der nie kam, ist gestorben. Alte Männer erheben sich, berichten, wer in ihren Familien gestorben, verhungert ist: die Frau, die Mutter, die Schwester, der Sohn. Wir sind nicht mehr dieselben wie vor vier Jahren, sagen sie tonlos.

Eine Frau ruft ihre beiden Töchter, die gerade Wasser und Feuerholz sammeln. Sie zeigt mit dem Finger auf die weiße Frau. Hier, das ist die Frau, die euch gerettet hat, sie ist die Mutter der Dürre. Die weiße Frau steht stellvertretend für die Ärztin im Auffanglager. Die fröhlichen Kinder sind kerngesund. Ein Jahr nach der Hungerkatastrophe sind sie noch mit UNICEF-Rationen aufgepäppelt worden.

POLYGAMIE

Ein Mann in der Zentralafrikanischen Republik hat zwei Frauen. Nicht ungewöhnlich. Eine ist jung, die andere alt. An diesem Abend trinken sie wie immer und alle im Dorf noch ein bisschen Hirsebier. Der Alte möchte heute Nacht mit der Jungen schlafen. Das gefällt der älteren Frau nicht. Es beginnt Streit. Man zieht sich gegenseitig an den Haaren. Irgendwann kommt der Gendarm und ohrfeigt die Ältere. Das gefällt dem Ehemann nicht und er ohrfeigt den Gendarmen. Der Gendarm steckt alle drei für die Nacht ins Gefängnis. Am nächsten Morgen entlassen, steckt die Ältere der Jüngeren das Haus an. Ergebnis: Die Ältere muss der Jüngeren eine Entschädigung zahlen. Schlaue Europäer meinten einmal, in Afrika bestehe kein Sexualneid, nur Sozialneid. Sie vergaßen, dass im modernen Afrika die Männer häufig nicht mehr die Pflichten der Polygamie kennen, nur die Rechte.

Schwangerschaften

In der Zentralafrikanischen Republik scheinen die Frauen einfach ununterbrochen schwanger zu sein. Pausenlos zehren noch Zwei- bis Dreijährige an ihren Brüsten. Selbst die Familienplanerin hat acht Kinder. Hat eine Frau nur zwei Kinder, fragt sie, was sie falsch macht. Wenn man sechs Kinder hat, sagt ein Bauer, hat man zwei für die Baumwolle, zwei für die Hirsefelder, zwei für die Erdnuss, was macht man da mit zwei Kindern? Und was ist, wenn sie krank werden? Hier haben wir keine Schule, in die wir unsere Kinder schicken, wir benötigen sie auf den Feldern.

Afrikanische Rückkehrer

In Brong Ahafo/Ghana regt sich 1988 der Vorsitzende des Wasser- komitees über die Zahlungsmoral der Dorfbewohner auf. »Sie haben Geld, schließlich kaufen sie jeden Tag bei mir Zigaretten«, meckert er. Jahrelang hat er als Kfz-Mechaniker in Flensburg gearbeitet, hat Panzer der Bundeswehr repariert. Die deutsche Frau und Toch- ter ließ er in Schleswig-Holstein zurück, die Mutter seiner Tochter wollte ihn nicht heiraten. Nach Ghana zurückgekehrt, machte er eine Kneipe auf und beklagt sich über die Ineffizienz seiner Lands- leute.

Ein paar Dörfer weiter, in der gleichen Region, hängen gleich drei Ghanaer, die in Deutschland als Gastarbeiter gearbeitet haben, ar- beitslos herum und langweilen sich. Sauer auf Deutschland sind sie nicht. Wenn es nicht bald Arbeit gibt in Ghana, wollen sie zurück nach Deutschland.

In der Ashanti-Region hat ein junger Chief das Sagen, der fast acht Jahre als Vorarbeiter bei Karstadt in Hamburg gearbeitet hat. Nun verwaltet er sein Dorf. Er will nur noch einmal zurück nach Deutschland, um sich ein Auto zu kaufen.

Das Hotel »Senegambia« ist fest in deutscher, das Hotel »Atlantic« fest in britischer Hand. Im »Atlantic« herrscht auf engstem Raum »Leibermarkt«. Kaum sind die Briten angekommen, ziehen sie bis auf den Slip alles aus, Dünne, Junge, Alte, Dicke, Hässliche. Je dicker, desto stärker das Bedürfnis, bis tief in die Nacht fast unbekleidet auf den Hotelfluren zu flanieren. Bereits am nächsten Tag ist die Gesellschaft rot, krebsrot. Mit aufgekratzten Moskitostichen gießt man schon am Mittag unter praller Sonne Alkohol in sich hinein. Nie würde ein Brite im eigenen Land so herumlaufen. In Gambia ist alles erlaubt. Beachboys, die am Strand und vorm Hotel herumlungern, die die Schule der Touristinnen wegen abgebrochen haben, kümmern sich um das weitere Wohlbefinden der weißen Frauen. Was europäische Männer in Thailand suchen und finden, suchen und finden europäische Frauen in Afrika.

Gehobener Tourismus findet im Tendaba-Camp am Gambiafluss statt, hundert Kilometer östlich der Hauptstadt. Pünktlich um 7 Uhr weckt der schwedische Besitzer die Touristen mit deutscher Marschmusik, eine Viertelstunde lang. Anschließend beginnt das Programm »Meet The Bush«. Eine bunte Schar aus Touristen in Bermudas, Badehose oder auch als Jäger und Jägerinnen verkleidet begeht für 45 Minuten den Busch. Ein bayrischer Professor liest während des Frühstücks laut aus dem Buch »Säugetiere in Afrika« vor. Von Zeit zu Zeit stößt er Schreie des Entzückens aus, genau diese Tiere erwartet er hier im Busch aus allernächster Nähe zu sehen. Nach der Buschtour diskutiert die Gruppe, ob Fische Seelen haben. Die Gambier töten Fische nicht, sie lassen sie zu Tode zappeln. Haben Fische Seelen? Danach geht man zum Thema der Erbsünde über. Abends zeigen ihnen die Frauen und Männer der umliegenden Dörfer traditionelle Tänze.

BÜRGERKRIEG

Um sieben Uhr morgens ziehen im Gänsemarsch 14- bis 20-Jährige mit hängenden Köpfen über die Teerstraße im äthiopischen Gimbi. Man hat sie nachts in den Dörfern rekrutiert. Nur ein junges, frisches Bauerngesicht, das jüngste unter allen, blickt stolz geradeaus. Der Gang ist aufrecht. Der Junge ist höchstens zwölf. Er weiß nicht, was ihn erwartet.

Zurück bleiben Frauen und Schwestern, die nun jahrelang keine Feldpost erhalten. Feldpost ist in Afrika unbekannt. Die Frauen wissen nicht, ob ihre Männer tot sind, leben und neue Familien gegründet haben. Manchmal weinen sie darüber. Aber niemanden stört das. Notdürftig bestellen die Frauen die Felder. Sie wohnen seit Jahrhunderten in ihren Lehmhütten, zusammen mit ihren Tieren. Müssen sich schützen vor den Hyänen, die in die Dörfer eindringen, wenn Hungersnot und Kriege die Gegenden verwüsten.

Die ersten Kriegsversehrten sind bereits in die Dörfer zurückgekehrt. Ihnen fehlen Beine, Unterschenkel, Füße, Arme.

In Berlin feiern die jeweils siegreichen ethnischen Gruppen ihre vorrückenden Soldaten. Welchen Sieg feiern sie eigentlich, die Studenten in Europa? Feiern sie die Toten auf beiden Seiten? Die Jungs, die nicht in den Krieg wollten und nachts, von welcher Kriegspartei auch immer, aus den Dörfern geholt wurden, die nicht die Chance hatten, ins Ausland zu gehen und beim Bier archaische Machtgelüste austoben konnten, auf Kosten anderer?

Flüchtlinge

Das sudanesische Kassala ist 1990 voller äthiopischer Flüchtlinge, Eritreer, Tigre, Äthiopier. Meistens sind sie in den Hotels untergeschlüpft als billiges Dienstpersonal, nachts schlafen sie auf den Dächern. Viele sind vor den nächtlichen Rekrutierungen in Äthiopien geflohen.

Dreiviertel der Lufthansa-Economyclass von Khartum nach Frankfurt ist gefüllt mit äthiopischen Flüchtlingen. UNHCR hat für sie Plätze in den Vereinigten Staaten gefunden. Sie halten die Tüten mit der Anschrift ihres Zielortes fest in der Hand. Zum Teil haben sie jahrelang in den Flüchtlingslagern im Sudan gewartet. Als die Maschine abhebt kein Freudenschrei. Die einfachen, nicht gebildeten Leute unter ihnen, zum Teil in traditionellen Kleidern – werden sie ihr Glück in den USA machen? Oder wartet eine Enttäuschung auf sie? Aber selbst im Flugzeug geht das Gekabbele zwischen einzelnen Vertretern unterschiedlicher Ethnien weiter. Der Eritreer, dessen Soldaten den Weg zum Sieg eingeschlagen haben, weigert sich, mit dem äthiopischen Flüchtling, der nach drei Jahren Lager nach Amerika fliegt, über Äthiopien zu reden. Ihn interessiere nur Eritrea. Der Äthiopier sagt, man müsse sein Compound kennen, egal, wo man herkomme. Der Eritreer sagt, wir kämpfen gegen die Russen, man solle sich nur Afghanistan ansehen.

Im ghanaischen Takoradi, nahe dem Hotel »Atlantic«, einem sozialistischen Protzbau aus Nkrumahs Zeiten, sitzt ein freundlicher Mann vor einem Haus. Ein Lehrer aus Liberia. Geflohen ist er mit dem letzten Schiff, das Liberia vor dem Bürgerkrieg verließ. In Ghana landete er im Flüchtlingslager. Sein ghanaischer Brieffreund, den er zuvor nie gesehen hatte, holt ihn heraus und gibt ihm eine Unterkunft in einem Privathaus in Takoradi. Nun sitzt er hier und hofft – 1991 – auf das Ende des Bürgerkriegs in Liberia.

SCHMUGGEL

Fremde werden mit Kalaschnikow und italienischen Sturmgewehren empfangen. Offiziell sind sie Bauern. Bauern, die vornehmlich nachts arbeiten und den grenznahen Schmuggel nach und von Djibuti organisieren.

TRANSPORT

Nicht überall klappt der afrikanische Transport reibungslos. Es gibt Länder wie Sambia 1989, da bewegte sich kein Buschtaxi in die entfernteren Gegenden des Landes. Vier Tage wartet eine Lehrerfamilie in einem Dorf in der North-West-Region auf ein zufällig vorbeikommendes Auto. Sie wollen zur Beerdigung des Vaters. Sie akzeptieren, dass sie noch den ganzen Tag auf der Ladefläche eines Zweisitzers mit herumfahren müssen. Macht nichts, sagen sie. Hauptsache, wir erreichen heute Abend Kabombo. Alles in dieser Gegend wird zu Fuß gemacht, vier Tage zu Fuß über Sandpisten. Manchmal per Fahrrad, das aber über weite Strecken geschoben werden muss. Währenddessen vermittelt Präsident Kaunda im Bürgerkrieg der Nachbarländer, verbittet sich, im Fernsehen als korrupt und Wilddieb bezeichnet zu werden. Die Bauern in Afrika sind sehr geduldig mit ihren Politikern.

Auf einem Hohlweg im Norden der Zentralafrikanischen Republik ist ein Buschtaxi stehen geblieben. Das Benzin ist ausgegangen. Das Taxi lässt den Land-Rover erst vorbei, wenn der Kassierer mit dem leeren Kanister mitfahren kann.

»Nehmt ihr nicht genug Benzin mit, wenn ihr in den Busch fahrt?«

»Doch, dreißig Liter. Aber da unten in den Dörfern kommt immer jemand und bittet, kannst du mich nicht einmal da hinfahren und dort hinfahren, und dann reicht es nicht mehr für die Rückfahrt.«

Das Taxi folgt dem Land-Rover noch eine Weile. Es fährt jetzt den letzten Tropfen runter, dann braucht der Kassierer nicht so weit mit dem vollen Kanister zurückzulaufen.

GEHEIMDIENSTE

1990 gab es im Sudan drei verschiedene Geheimdienste, die nicht nur das Volk, sondern sich auch gegenseitig kontrollierten. Jeder ausländische Besucher hat sich in jedem Dorf bei allen drei Geheimdiensten zu melden. Meldet er sich nur bei einem oder zwei oder gar bei gar keinem, ist er höchst verdächtig. Als offizielle Begründung dient die Flutkatastrophe 1988. Einige amerikanische Hilfsorganisationen sollen im Rahmen ihrer Hilfsaktionen im muslimischen Norden versucht haben zu missionieren.

DISASTER GROUPIES

Die mit beiden Beinen auf der Teerstraße stehenden Straßenbauingenieure tauften die einfallende Vorhut der Hilfsindustrie in einem afrikanischen Land kurzerhand *Disaster Groupies*. Sie fallen wie Heuschrecken ein und sind das sichere Kennzeichen einer echten oder vermeintlichen Katastrophe. Mit Kennerblick schätzen sie die benötigte Hilfe ein und ordern dann bis »an Flughafen«. Danach ist die einheimische Regierung zuständig. Ist diese nicht in der Lage, das Massenhilfsgut weiterzubefördern, werden die Medien losgeschickt, die über faulende Lebensmittel am Flughafen berichten.

Begegnungen im Flugzeug

Der sicherste und schnellste Weg von Bangui nach Niamey führt über Paris/Brüssel. Ein Franzose kehrt gerade von der Jagd in der Zentralafrikanischen Republik zurück. Schimpft über die französischen Journalisten, die während des Falls der Berliner Mauer nur von *Liberation* geredet haben, nicht aber über die ökonomische Kraft, die nun von Deutschland ausgehe. Er schimpft über die sozialistische Regierung Mitterands, die den Muslime erlaube, sechs Mal am Tag während der Arbeitszeiten in den Fabriken zu beten. Die Einwanderer in französischen Gefängnissen lebten besser im Gefängnis als auf der Straße. Die Polen seien die Afrikaner Europas.

Sekunden vor dem Take-off Vollbremsung in Brüssel. Ambulanzen und Feuerwehren preschen heran. Ein Triebwerk ist Sekunden vor dem Start ausgefallen. Es folgt eine Nacht im Sheraton in Brüssel. Wer sind die Gestrandeten des Airbusses?
   Die meisten sind für die Entwicklungshilfe unterwegs: Internationale Organisationen, Nichtregierungsorganisationen, Regierungsorganisationen, amerikanische Missionare, amerikanische Eltern, die ihre Peace-Corps-Kinder in Afrika besuchen wollen, und ein holländischer Manager von Shell. In vorgerückter Stunde erklärt der Shell-Manager die Schlichtheit des kapitalistischen Gesetzes: »Man gibt 25 Cents und bestellt dafür ein Menü. Wer zahlt die Differenz? Sie, die Konsumenten.« Er lacht, steht auf und begibt sich ins Bett. Die Missionare glauben, dass alles seinen Sinn habe, auch dieser ungewollte Zwischenstopp, die Peace-Corps-Eltern holen ihre Kamera hervor und filmen die Gestrandeten. Ein Professor aus South Dakota, Sprachwissenschaftler, meint, dass man in South Dakota sein Haus unverschlossen halten könnte, das Auto würde

nicht geklaut, aber es sei langweilig. Die *Crossroads of Information* seien heute in Europa. Am nächsten Morgen wünschen sich alle gegenseitig zwei gleichzeitig startende Triebwerke.

AUF FLÜGEN NACH WESTAFRIKA

Mitte der Achtzigerjahre auf den Air France- oder Air Afrique-Flügen nach Westafrika. Unabhängig von Business- oder Economy-Class sitzen immer mal wieder ältere französische Männer neben jüngeren Entwicklungsexperten aus Deutschland. Man kommt ins Gespräch. Es kommt häufiger vor, dass die Franzosen in Deutsch antworten.

»Wo er das gelernt habe?«

»Während des Krieges!«

Die deutsche Gesprächspartnerin verstummt zunächst, hakt dann nach: »Wahrscheinlich im Lager?«, die bange Frage.

»Ja«, sagt er, »im Arbeitslager«, und hilft der Gesprächspartnerin mit einem Lächeln noch über die Pein des Augenblicks hinweg. Dann wenden sich beide Westafrika zu, tauschen Erfahrungen aus.

MEGALOMAN

Der Gründer der Einheitspartei Togos und spätere Staatspräsident ist ein enger Freund von Franz Josef Strauß. Eyadema ist bekannt dafür, dass er mit dem Helikopter Wild in der Nord- und Zentralregion jagt. Alle Staatsbediensteten müssen ständig mit dem Parteiabzeichen, dem Konterfei des allgegenwärtigen Präsidenten, am Jackett herumlaufen. Das Nichttragen bedeutet 1985 Subversion und wird streng bestraft. Niemand wagt den Namen des Präsidenten auszusprechen. Man redet von »lui«, von ihm. Das Spitzelsystem innerhalb der 2,8 Millionen Einwohner ist perfekt. 1984 wurden 100 Jahre deutsch-togolesische Freundschaft gefeiert. In den Augen der offiziellen Togolesen waren die Deutschen keine Kolonialisten. Kolonialisten, das sind die Franzosen, die die Deutschen nach dem Ersten Weltkrieg ablösten. Zum Freundschaftsfest schenkten die Deutschen den Togolesen 100 Mercedes-Lastwagen, sie verschwanden über Nacht im Hafen. Man fand sie schließlich beim Militär wieder, wo die ersten Lastwagen bereits umgespritzt waren.

LKW-Handel oder die Wüstenfahrer in Maradi

November 1990. Auf dem Parkplatz eines Hotels in Maradi/Niger steht ein LKW mit zwei Anhängern aus Hamburg. Begleitet wird der Laster von drei Deutschen, zwei Mageren und einem Wohlgenährten aus Hannover. Einem fehlt ein Zahn. Das Geschäft mit dem Lastwagen ist für heute Abend geplatzt. Man konnte sich mit den nigerianischen Händlern nicht einig werden. Die Deutschen verlangen 42 000,- Mark (21.000,- Euro). Doch, so jammern die ebenfalls wohlgenährten Händler, die Ernte sei diesmal schlecht ausgefallen. Dieses Hin und Her wird noch ein paar Tage so weitergehen. Die Deutschen wagen sich nur bis zur Grenze nach Nigeria. In den nigerianischen Dschungel selbst gehen sie nicht hinein. Der ausgebufften Kriminalität dort seien sie nicht gewachsen. Daher kommen ihnen die nigerianischen Händler in Maradi entgegen. Das Entgegenkommen lassen sie sich natürlich auch bezahlen. Ohnehin ist der Transport von Lastwagen aus Europa teurer geworden. Offiziell können die manchmal schrottreifen Lkws nur noch bis Arlit, nahe der algerischen Grenze, eingeführt werden. Also muss jeder Polizeiposten von Arlit bis nach Maradi geschmiert werden. Mit Quittung zahlt man mehr, ohne Quittung ist es billiger. Oftmals werden die Wagen tagelang an den Kontrollstationen fest gehalten, bis man sich schließlich auf einen Betrag geeinigt hat. Bei großen Lastwagen müssen schon mal 850,- Mark (425 Euro) ohne Quittung für einen einzigen Polizisten herausgerückt werden. Wie viele Lastwagen fertigt der Polizist ab? Trotzdem sind jede Menge Deutsche, Holländer und Franzosen mit ausgemusterten europäischen Lkws unterwegs. Gewöhnlich wird der Preis in bar von den nigerianischen Händlern beglichen, dann heißt es für die Europäer, umgehend aus Maradi zu verschwinden, damit sich die Spuren verlieren. Schließlich schleppt man das Geld am Körper mit sich herum.

NÄCHTLICHE MITBEWOHNER

Diffa, am Ende der Welt oder am Ende einer langen Teerstraße und anschließender Sandpiste, nahe der Grenze zum Tschad. Kein Hotel, kein Restaurant, keine Unterkunft. Lediglich ein Gästehaus, das die Kanadier mal vor vielen Jahren gebaut haben. Drei blitzsaubere Zimmer stehen zur Verfügung. Ein Zimmer wird von einem europäischen Diplomaten, ein anderes von einem nigrischen Dorfentwickler bewohnt. Der Diplomat bekleidet seine erste Auslandsstelle und hat sich ebenfalls erstmals mit einer einheimischen Freundin weit weg von den Augen der Botschaft an das Ende der Welt verzogen. Natürlich will er alleine sein, zumindest ohne europäischen Besuch und erst recht nicht aus dem eigenen Land. Aber in Diffa lässt sich das nicht verhindern. Wo sonst soll die zufällig vorbeikommende Europäerin übernachten? Also teilt man das Badezimmer, den Saft aus dem Kühlschrank, den der Diplomat wie Sekt auf einem Botschaftsempfang ausschenkt, währenddessen liegt die Freundin – nur mit einem Badetuch bekleidet – auf der Couch und lacht sich halb tot. Vom anderen Zimmernachbar hört man nur das Radio, das bis weit in die Nacht auf Hauslautstärke läuft. Am nächsten Morgen schwimmen Kondome mit roten Ringen in der Toilette.

ENDE EINER FLUCHT

Der Fernsehfilm »Soweit die Füße tragen« zeigt einen deutschen Kriegsgefangenen, der den Lagern in Sibirien entkommt. Er flieht zu Fuß durch die unwegsame Landschaft. Deutschland zeichnet in den Sechzigerjahren sein Leben nach. Nur, was ist aus ihm danach geworden? Er landete schließlich in der Tanga-Region in Tansania. Erst hier ist er wieder sesshaft geworden. Von der deutschen Botschaft erhielt er eine magere Rente, so um die 350,- Mark (175 Euro) monatlich. Gestorben ist er Ende der Achtzigerjahre. Seinem Sarg folgten zwei Entwicklungshelfer und eine große Anzahl Afrikaner.

Die Pest

Im Dorf Kwekanga in den Usambara-Bergen war zu Beginn des Jahres 1991 mal wieder die Pest ausgebrochen, Lungenpest. Nur drei Tage verbleiben einem Befallenen, um diese mittelalterliche Krankheit mit Antibiotika zu bekämpfen. Auf den Beerdigungen der Pesttoten haben sich die Trauernden gegenseitig angesteckt. Tröpfchenübertragung – sechzig Tote. Bis die Regierung in Daressalam die Berge abriegelte. Nun ist nur noch die Beulenpest übrig geblieben. Sie wird von pestinfizierten Ratten durch Flöhe auf Menschen übertragen. Bei der Beulenpest verbleibt dem Menschen etwas mehr Zeit, das Überleben zu sichern.

Body-Building-Wettbewerb

Es ist DAS Samstagabendereignis. Seit Wochen angekündigt. Gut geformte Körperpakete erscheinen auf der Bühne. Vor dem eigentlichen Test, dem Gewichtheben, müssen die flotten ghanaischen Jungs von Takoradi am 1. September 1991 noch einen Intelligenztest bestehen. Erste Frage: »Wollen Sie eine Frau mit gebleichter oder mit natürlicher Hautfarbe heiraten?« –Antwort: »Gebleicht.« Er wird ausgepfiffen. »Bleached is a fake, but it is nice«, antwortet er trotzig. – Zweite Frage: »Wie kommt es, dass ein Teenager schwanger wird?« – Antwort: »Sie hat kein Kondom benutzt.« Wieder Pfiffe und Buh-Rufe. – »Geben wir ihm noch eine Chance«, sagt der Moderator. »Sie können die Frage noch einmal beantworten.« – »Well, parents did not teach her how to fuck.« Es erschallen lautstarke Bravo-Rufe. Es folgt umständlich langes Gewichtheben. Gewinner, wie im vergangenen Jahr, Joe Finger! Der Name wird wieder und wieder über den Bühnenrand geschrien. Die Betonung liegt auf FINGER. Alles lacht.

DER DIPLOMAT

Das »Golden Tulip« war bis zum Sommer 1991 ein heruntergekommenes Hotel sozialistischer Bauart. Der ghanaische Staat hatte kein Geld, es wieder aufzumöbeln. Da besann man sich in Accra, dass man den Libyern Geld schuldete für Ölrechnungen. Die OAU-Konferenz stand unmittelbar bevor. Den Ghanaern fiel ein, das Hotel einfach für Jahrzehnte an die Libyer zu verpachten. Die Pacht wurde mit den Ölrechnungen verrechnet. Die Libyer holten sich holländisches Management und stampften in wenigen Monaten ein OAU-gerechtes Hotel aus dem Boden. Der Grundriss blieb. Aber innen zog ein Verschnitt aus überdimensionierter orientalischer Empfangshalle und holländischer Sachlichkeit ein. Der Koran wird nicht ausgelegt. Ein holländischer Bäckermeister bringt den Afrikanern das Brötchenbacken bei. Leider kommen die Bäckerlehrlinge manchmal zu spät, was den Holländer zur Verzweiflung treibt.

Tagelang nach der OAU-Konferenz läuft im »Golden Tulip« in Accra ein Mann mit dunkler Sonnenbrille herum, auch am späten Abend, wenn die Sonne längst untergegangen ist. Er stellt sich als Diplomat aus Haiti vor, der an der OAU-Konferenz 1991 in Ghana teilgenommen hat. Die Sonnenbrille war das eigentliche Markenzeichen der »ton ton macoutes« des alten Regimes des Baby Doc. Nein, nein, er sei ein Diplomat des Monsieur Aristide. Zehn Jahre habe er als Journalist in New York gelebt. Nun sei er Diplomat. Auf dieses Wort Diplomat, seinen neuen Beruf, legt er großen Wert. Am Samstagnachmittag hält der Diplomat Ausschau nach Touristinnen am Swimmingpool. Er wird fündig. Fängt sogleich ein Gespräch über den Imperialismus an, rückt näher, beschimpft den Westen. Spult die gängigen Formeln über Sozialismus und westliche Ausbeute ab, rückt noch mal ein Stück näher, fast ist er auf der Liege der Touristin, die sich mittlerweile ganz an den äußeren Rand der Liege verzogen hat. Die Touristin versucht, am Anfang noch ein sachliches Gespräch zu führen. Sachlichkeit lehnt er jedoch ab. Fuchtelt mit den Händen und wirft der Gesprächspartnerin mangelndes Gefühl für die Entwicklungsländer vor. Für die Entwicklungsländer oder für ihn? Und wieder rückt er ein Stück näher. Die Frau ergreift die nächstbeste Gelegenheit, als dem Diplomaten das Essen an den Pool gebracht wird, um sich aus dem Staub zu machen. Der Diplomat ist verdutzt und schlingt das Essen in sich hinein. Am späten

Abend läuft er wieder mit seiner Sonnenbrille herum und wartet auf die nächste Gelegenheit. Drei Wochen später ist sein Chef gestürzt.

DIE GREGORIANISCHE DISCO

»Chez Marie Lou« oder »Le Rêve« in Accra sind hochfrequentierte Diskotheken. Regelmäßige Besucher bedauern jedoch, dass in den vergangenen Jahren fast die Hälfte der Mädchen verschwand. Niemand weiß genau wohin, vielleicht sind sie tot, vielleicht hatten sie Aids. Wie Kletten hängen sie an diesem Abend an den wenigen weißen Männern. Ihre einzige Hoffnung, »Le Rêve« für immer verlassen zu können. Gregorianische Musik schwingt durch den Raum, gibt dem Ganzen einen sehr seriösen Anstrich. Eine Frau im hochgeschlossenen dunkelblauen Kleid fällt auf. Sie hat es auf einen blonden Holländer abgesehen. Sie folgt ihm bis zum Wagen, verhandelt. Umsonst. Die Zeiten für die Mädchen in Afrika haben sich geändert. Die Weißen haben Angst. Es hat zu viele auch von ihnen in den vergangenen Jahren erwischt.

In Tansania versucht ein traditioneller Heiler Aids-Symptome zu bekämpfen. Immerhin schafft er es, junge ausgemergelte, zum Wrack abgemagerte Gestalten wieder arbeitsfähig zu machen. An der Grenze zu Burundi soll die Hälfte des Krankenhauspersonals in den letzten Jahren an Aids gestorben sein, zum Teil infiziert durch die Behandlung von Patienten.
  Die Kondome reichen nicht aus. In manchen Dörfern wissen die Bewohner sehr wohl, wie Aids zu vermeiden ist, nur wo sind die Kondome?

BRITISCHE SPUREN IN AFRIKA

Nach sechs Stunden Fahrt von Harare erreicht man eine amerikanische Farm-City aus dem Mittleren Westen der USA mitten in Afrika: Bulawayo. Das Hotel »Cresta Churchill« ist beste britische

Hotelkultur mit Churchill Cream Tea und Kaminzimmer. Nur die Wasserknappheit des Jahres 1992 erinnert an Afrika. Durch die Badewanne läuft ein roter Strich, nur bis dahin soll man sie füllen. An der Toilette prangt ein Zettel mit der freundlichen Frage, ob die Spülung jedes Mal notwendig sei. Ist sie nicht!

Nicht weit entfernt vom »Cresta Churchill« liegt Cecil Rhodes begraben. Auf die in Fels eingehauene Grabstätte im Nationalpark Matopo legt sich der simbabwische Fahrer Eno in voller Länge mit aufgestütztem Arm für ein Erinnerungsfoto für seine Lieben in Harare. »Now you are on top of Cecil Rhodes«, sagt der Europäer. »Yes«, die lachende Antwort.

Im »White Horse« in Vumba Mountains unterhält ein Brite wie aus einem Roman, die Gäste am Kamin, während draußen die Affen an den Bäumen turnen. Zu vorgerückter Stunde wird Whisky spendiert.

Im Gegensatz zu »Cresta Churchill« und »White Horse« verkörpert das »Flamboyant« in Masvingo 1992 die Schnellbauweise der Sechzigerjahre und hat den Charme eines südafrikanischen Drive-Ins. Von britischem Einfluss keine Spur. 1994 wird es generalüberholt. Passt sich dem Stil südafrikanischer Hotels an und dient den Südafrikanern als erste Anlauf- und Übernachtungsstation nach der Grenze. Nelson Mandela ist jetzt Präsident, und die weißen Südafrikaner können zum ersten Mal unbehelligt ihre Nachbarländer bereisen. Beliebt sind Gruppenreisen, Polonäse zwischen den Tischen im »Flamboyant« nach dem Abendessen mit inbegriffen. Südafrikanische Gemütlichkeit kommt der deutschen ländlichen Gemütlichkeit sehr nahe. Sprächen sie nicht Afrikaans, man könnte meinen, man sei im Emsland der Fünfzigerjahre, bei einer Verlobungsfeier oder bei einem Kegelausflug deutschstämmiger Brasilianer nahe Blumenau in den Sechzigerjahren.

NAMIBIA 1992

Man betritt den Flughafen einer amerikanischen Wüstenstadt in Arizona, wird innerhalb einer halben Stunde über hervorragende Teerstraßen direkt in eine Fußgängerzone einer norddeutschen Küstenstadt befördert und wohnt im »Thüringer Hof« mit seinem bayrischen Biergarten. In Windhoek spricht man Deutsch. Wir befinden uns in Namibia. Seit zwei Jahren ist das frühere Deutsch-Südwest unabhängig. Die Apartheid ist abgeschafft, die südafrikanischen Besatzer wurden nach Hause geschickt. Aber es gibt sie noch, die unsichtbare Apartheidlinie, die Veterinärlinie, die Landwirtschaftslinie. Stundenlang fährt man am eingezäunten Ranchland weißer Farmer nach Norden. Menschen sind kaum zu sehen, ab und an sichern rote Fähnchen schwingende schwarze Hirten die Rinderherden. Erst nachdem man die so genannte Veterinärlinie überschritten hat, eröffnet sich einem das schwarze Afrika. Dörfer wie im Sahel. Hier wohnen Dreiviertel der Bevölkerung Namibias zusammengequetscht auf einem schmalen Streifen Land. In Oshakati haben die Schwarzen die verlassenen Häuser der Südafrikaner übernommen. Ihre Privatbunker neben den Hauseingängen haben die neuen Besitzer in Vorratslager, in Kühlschränke umgewandelt. Tore und Mauern, die die weißen Viertel von den schwarzen trennten, sind eingerissen. Bis vor zwei Jahren durfte schwarzes Dienstpersonal die Tore nur mit gesonderten Ausweisen passieren.

Trifft man in Windhoek Söhne und Töchter deutscher Einwanderer aus Potsdam, denen die Vereinigung der beiden deutschen Staaten das Haus in Potsdam zurückgebracht hat, so begegnet man in Oshakati ehemaligen SWAPO-Kämpfern, die in der DDR oder in der Tschechoslowakei ausgebildet wurden. Rosemarie hat die Jahre 1978 bis 1984 in der DDR verbracht. Nordhausen, Leipzig, Ost-Berlin sind ihre Stationen. In Leipzig habe es eine Straße nur für Ausländer gegeben. War der Kontakt zwischen den Bürgern der DDR und den Namibiern schon kontrolliert, so wurde noch einmal ein Unterschied zwischen den Afrikanern – wie zum Beispiel Tansaniern und Namibiern – gemacht. Sie wurden nicht gemeinsam unterrichtet, weil die Namibier angeblich nicht das Schulniveau der Tansanier mitbrachten, bemerkt die Namibierin noch Jahre später bitter. In Engela sitzt eine weitere Weggefährtin aus DDR-Zeiten, heute arbeitet sie als landwirtschaftliche Beraterin, unterstützt von den Dänen.

Wird von den Windhoek-Deutschen im Allgemeinen behauptet, dass sie fortschrittlich seien und ab Mitte der Achtzigerjahre dafür gesorgt haben, dass der Übergang in die Unabhängigkeit einigermaßen reibungslos vonstatten ging, so haben die Deutschen in Swakopmund einen eher schlechten Ruf. Die Afrikaans sind entweder »bad« oder »good«, sagt ein Namibier in Ovambo, aber die Deutschen in Swakopmund, die sind nur »bad«.

Im Parlament in Windhoek sitzen die Abgeordneten mit Kopfhörern, sie verstehen ihre eigene Parlamentssprache, Englisch, nicht. Bis zur Unabhängigkeit waren sie gezwungen, Afrikaans zu sprechen. Das verhasste Afrikaans wollten sie im befreiten Namibia nicht mehr hören. Englisch wurde zur Amtssprache. Nur Englisch müssen viele in Namibia noch lernen.

In der berühmten Etosha-Pfanne, im Fort Namutoni, hielten vor mehr als achtzig Jahren sieben Männer, vom deutschen Kaiser als Schutztruppe ausgesandt, eine Nacht lang die Stellung. Achtzig Jahre später liest sich das lächerlich. Die Spiele der Männer, die Jahre später ganz Europa verwüsten sollten. Wäre es doch nur bei der sieben Mann starken Schutztruppe geblieben. Im Ovamboland hinterließ der deutsche Einfluss aus der Vorweltkriegszeit Vornamen wie Frieda für Zimmermädchen im Internationalen Gästehaus in Oshakati oder Rosemarie.

Namibia 1992 möchte keinen deutschen Billigtourismus. Nur Leute mit Geld sind willkommen. Vor der Maueröffnung kamen deutsche Großwildjäger regelmäßig zur Jagd nach Namibia. Nach dem Fall der Mauer und dem Zusammenbruch des Kommunismus im Osten entdeckten die Jäger den Osten für die Großwildjagd. Die zahlreichen Gastfarmen in Namibia wähnten sich ihrer lukrativen Einkommensquelle entzogen. Doch dank der Streitereien in den GUS-Staaten sind die deutschen Großwildjäger 1991 reumütig nach Namibia zurückgekehrt.

SÜDAFRIKA 1993

Es sind acht Monate vor den ersten freien Wahlen in Südafrika. Nelson Mandela ist seit 1990 – nach 28 Jahren – aus der Haft entlassen. Im Juli/August 1993 sitzen der ANC, Vertreter der de-Klerk-Regierung an Runden Tischen und beraten Ausbildungsstrategien für das gesamte Land. Geleitet wird die Kommission von einem in Ost-Berlin ausgebildeten ANC-Mann. Es wird schnell gearbeitet. Es gilt, keine Zeit zu verlieren. Noch gibt es in Südafrika 15 verschiedene Erziehungs- und Ausbildungsministerien, für jede Hautfarbe eins auf allen administrativen Ebenen.

»Während die Ministerien für Schwarze bereits nach neuesten Methoden Strategien erarbeiten und umsetzen, sitzen in den Ministerien für Weiße immer noch einige, die glauben, es reiche aus, einfach weiß zu sein«, seufzt ein dynamischer weißer Bildungsexperte. Die Auswirkungen des unmenschlichen Apartheidsystems, eingebrockt von den weißen Großvätern, werden die jungen Weißen von nun an ebenso zu spüren bekommen wie die Schwarzen. Es wird lange dauern, bis die Fehler korrigiert sind.

Südafrika einerseits

Um sieben Uhr morgens herrscht reges Kommen und Gehen in den City-Lodge-Hotels, in den Holiday-Inns in Kapstadt, in Johannesburg; Herren in Uniformen für Geschäftsleute: dunkler Anzug, gestreiftes Hemd, Krawatte, Aktenkoffer. Beim Frühstück wird die »Financial Times« gelesen. Es werden internationale Geschäfte angebahnt. Man verhandelt über amerikanische Investitionen, Grundstücke, Bauplätze. Verhandlungspartner auf südafrikanischer Seite sind bereits Schwarze. Zimmer und Hotelmanagement entsprechen europäischen und amerikanischen Standards.

Den weißen Immigranten hat Kapstadt immer noch Arbeit gegeben, in kürzester Zeit. Dem Australier, der Passagiere vom Flughafen in die Stadt fährt, und Antonio, dem Sarden, der vor 15 Jahren einwanderte. Europa, Sardinien waren ihm zu langweilig. Leicht hat er es nicht gehabt. Aber man hat ihm Chancen gegeben, die er nutzte. Wie es jetzt weitergeht, weiß er nicht so recht. Jahrelang hat er für Taxifirmen gearbeitet. Vor einigen Jahren hat er sich selbständig gemacht. Im vergangenen Jahr hat man sein Taxi gestohlen, ausgeschlachtet wurde es in einem Township wieder gefunden. Antonio strahlt immer noch die Ruhe eines sardischen Fischers aus, auch in Kapstadt hält er Kontakt mit den Fischern. Nach Europa will er nicht zurück. Stolz zeigt er den Besuchern seine neue Heimat und bringt sie zum Abschluss zum Tee in einen alten ausrangierten Eisenbahnzug.

Im 50. Stock des »Carlton« in Johannesburg wird der Andenkenladen von einer Deutschen aus Kassel betrieben, die eigentlich aus dem Allgäu stammt. Vor 14 Jahren ist sie eingewandert. Zurück möchte sie nicht mehr.

Südafrika zwischen einerseits und andererseits

Vor den Toren Kapstadts liegt das Technikon, ursprünglich gebaut für die Farbigen (Mischlinge und Asiaten). Schöne, angepasste Architektur, eine Oase zum Studieren. Seit dem Ende des Apartheid-systems, sind alle zugelassen: Weiße, Schwarze, Farbige.

Als Mittler zwischen einerseits und andererseits versuchen sich auch deutsche Firmen in Südafrika. Die deutsch südafrikanische Kammer für Handel und Industrie versucht den Spagat mit Hilfe eines Schlesiers, der nach Kriegsende nach West-Deutschland floh, im Sauerland landete und den es 1965 weiter nach Südafrika zog, als Maschinenbauingenieur bei Mercedes Benz. Jetzt bildet er mit den Geldern der Kammer Maurer in Soweto aus. Nach zwölf Monaten sollen sie wissen, wie man Häuser in Soweto repariert. Spenden in Höhe von 150 000,- Mark (75.000 Euro) wurden von deutschen Firmen in Südafrika aufgebracht.

Es ist viel von Gewalt in Soweto die Rede. Auch dem Schlesier hat man bereits mit Waffengewalt ein Auto abgenommen. Dennoch macht er weiter. Seine Jungs, die künftigen Maurer von Soweto, danken es ihm jetzt schon.

Zwischen einerseits und andererseits stehen auch die Zulus in den Städten, so kurz vor den ersten Wahlen. Peter, der Zulu, arbeitet als Taxifahrer in Johannesburg, kennt die Museen, war aber noch nie in den Museen. Er folgt der Einladung seiner Kundin. Früher durfte er diese Gebäude nicht betreten. Jetzt zeigt er sich tief beeindruckt von der Arbeit der Künstler und wünscht, er könne sich so ausdrücken.

Auf die Frage, wer die Wahlen am 24. April 1994 gewinnt, lacht Peter, der Taxifahrer.

»Ist doch klar: It is easy for the blacks to win the first election, but difficult to win the second.«

»Wieso?«

»They are not educated«, die trockene Antwort.

»Wie werden die Zulus wählen?«

»Die Zulus in den Städten sind für Mandela.«

Südafrika andererseits

Im scharfen Kontrast zu Kapstadt mit seinen schneeweißen Villen am Fuße des Tafelbergs, mit einer Innenstadt wie das Bankenzentrum von Frankfurt am Main stehen die trostlosen Townships. Auf dem Weg zu den Townships kaum Verkehr. Reija, eine Farbige, und Cippo, ein Schwarzer, begleiten die Europäerin. Sie unterrichten in den Townships, funktionale Alphabetisierung. Ohne Reija und Cippo können sich die Weißen in den Townships nicht sehen lassen.

Wir besuchen Gugulettu, ein Trainingszentrum für Behinderte, es geht weiter in die KTC-Squatter. Es gibt keine Geschäfte, nur Hütten aus Pappe oder anderen Materialien der Abfallberge, ab und an Gebilde aus Stein, Häuser, fast vollständig aus Schrott errichtet, als Dach notdürftig eine Plane, durch die es regnet. Hier hat sich ein traditioneller Heiler aus der Transkei eingerichtet. Die Wände seiner Behausung bestehen aus Schrott, seine Möbel aus verrosteten Teilen. In der Mitte brodelt heißes Wasser, von oben regnet es rein, die Planen sind vom Wind weggeweht worden. Er heilt Krebs, sagt er, nur Krebs. Aids kennt er nicht.

Nicht weit von dieser Behausung steht eine Gruppe Jugendlicher. Sie stehen einfach so herum. Auf die Frage, ob sie Englisch sprechen, schütteln sie den Kopf, zeigen auf jemanden, der etwa einen Meter entfernt steht. Alle Gesichter hier sind verschlossen, es fehlt die Offenheit, die Freundlichkeit, die man sonst in Afrika, auch in den Slums, antrifft. Als die Besucherin sagt, sie sei aus Deutschland, ergreift der Englischsprechende die Hand und drückt sie fest. Das Eis zwischen Besucherin und Bewohnern scheint ein wenig gebrochen. Welche Arbeit, welche Ausbildung haben sie hier in den Townships? Einer sagt, er sei fünf Jahre in der Schule gewesen, seither habe er keine Arbeit. Niemand in diesem Kreis von acht jungen Männern hat Arbeit, nur der Englischsprechende, er ist Sicherheitsmann im Township. Sie würden jede Arbeit annehmen, wenn es nur welche gäbe. Am Auto der Besucherin steht bereits jemand mit einer Schaufel über der Schulter. Er dachte, die Besucher heuerten Arbeitskräfte an, weswegen sollten sie sich auch sonst hierher verirren. Jedes Auto eines Weißen, das hier überhaupt reinfährt, wird als Transportmittel potenzieller Arbeitgeber betrachtet. Wenn das Auto eine Ladefläche hat, setzt man sich einfach drauf, in der Hoffnung, zum Arbeitsplatz gefahren zu werden. Es gibt nicht den kleinsten Anschein von ökonomischen Kreisläufen in dieser jammervollen Umgebung. Einer hat gerade seinen Job in der Stadt verloren, jetzt hat er von den wenigen Ersparnissen einen Laden mit Streichhölzern, Zucker, Margarine, Seife, Papiertüchern aufgemacht.

Selbst die fortschrittlichen Weißen in Kapstadt und Johannesburg wagen nicht vorauszusagen, ob die Townships noch weiter stillhalten. Man wundert sich, dass die Townships sich nicht aufgemacht haben und das nur zwanzig Autominuten entfernte Kapstadt – eine einzige Provokation angesichts dieser Papphäuser – kurz entschlossen besetzt haben. Reija und Cippo sind zu bewundern. Sie sind die bitternotwendigen Transmissionsriemen, die wenigen ausgebildeten Schwarzen und Farbigen, die jetzt versuchen, ihren Landsleuten den Weg zur Bildung zu öffnen. Reija hat in Deutschland studiert. Nach einem Sprachstudium hat sie noch ein Bibelstudium in West-Berlin absolviert. Als sie Mitte der Siebzigerjahre aus Berlin nach Südafrika zurückkehrte, gab ihr eine Berliner Pastorenfrau einen Satz mit auf den langen Weg, an den sie in all den folgenden, unendlich langen Jahren der Apartheid-Agonie denken musste: Reija, wir werden für dich beten, aber wir wissen auch, dass in Deutschland die Christen gebetet haben, und die Geschichte hat dennoch ihren Lauf genommen.

Wir fahren weiter durch Crossroad. Hier gibt es immer wieder Tote. Auf der linken Straßenseite stehen Papp- und Schrotthütten, auf der rechten saubere, kleine Steinhäuser, bewohnt von Schwarzen, die seit langen Jahren für den City-Council arbeiten und anderen regelmäßigen Arbeiten in der Stadt nachgehen. Nachts wird aus den Papphäusern immer mal wieder in die Steinhäuser geschossen. Neid zwischen den Unterprivilegierten. Wir steigen nicht aus. Cippo und Reija sprechen nie von »den Weißen«, sondern immer nur von »those«. Cippo freut sich, dass die Besucherin auf die Gruppe Jugendlicher in Njanga zugegangen ist. So sähen sie wenigstens, dass es draußen Leute gibt, denen sie nicht egal seien.

In Ligulettu und Khayanlika gibt es ein Handwerkerausbildungszentrum: ein halbes Jahr Grundausbildung, ein Jahr Werkstattausbildung, dann müssen die Leute selbst sehen, wie sie sich selbständig machen, wie sie zurechtkommen. Neulich sei stolz einer zurückgekommen und habe seinem Lehrer seine Lederjacke und seine Uhr gezeigt, die habe er sich vom Verkauf seiner Schreinerprodukte leisten können. Hier arbeiten auch Weiße als Ausbilder, die es im Apartheidsystem nicht mehr ausgehalten haben und die Seiten wechselten.

JEUNE AFRIQUE

Die Besucherin kam mit dem Buschtaxi, fragte auf dem Marktplatz nach einem Bauern. »Ah, la-bas.« Wo? Ja, dort, in diese Richtung, noch etwa zwanzig Minuten Fußweg. Sie geben ihr zwei Jungen im

Alter von zehn und zwölf Jahren als Führer mit. Die Jungen eilen voran. Sehr schnell. Sie wollen zurück, wollen nichts versäumen auf dem Marktplatz. Die Besucherin erreicht das Bauernhaus im südlichen Senegal. Es ist Siesta-Zeit, alle liegen auf Pritschen unterm Baobab-Baum. Ja, man habe gehört, dass sie vorbeikommen wollte, aber nicht gewusst, wann. Setzen solle sie sich. Tee wird gebracht. Man palavert. Am Abend gibt es Hirsebrei. Als es dunkel wird, erzählt der Älteste unter ihnen Geschichten, die die Besucherin nicht versteht. Es wird zu den Nachbarhöfen herübergerufen. Man sieht die Sterne. Es ist immer noch warm. Irgendwann zwischen neun und zehn begibt man sich ins Haus. Die Berlinerin erhält eine Bastmatte, die sie auf dem Boden ausbreiten kann. Vier Zimmer hat das Haus. Die Wände sind nicht bis zur Decke heraufgezogen, so gibt es eine permanente Kühlung durch alle Zimmer. Die Toilette ist der Busch, etwa drei Minuten Fußweg von der Rückseite des Zementhauses. Des Nachts benutzt man sie besser nicht. Verstohlen werden dort die Häufchen mit Stroh zugedeckt. Man muss aufpassen, dass man nicht in sie hineintritt. Am besten geht man dort gleich am frühen Morgen und vor Dunkelheit hin.

Am späten Abend liegt die Besucherin auf der Bastmatte, die sie vom Zementboden trennt. Die großen braunen Ameisen werden notdürftig durch das Moskitonetz aus Plastik abgehalten. Aber die eine oder andere schafft es doch auf die weiße Haut. Nebenan betet der Großvater zu Allah, über Stunden. Gegen zwölf herrscht absolute Stille, nur Geräusche aus der Natur dringen ins Haus, ab und an ein Schnarcher des Großvaters. Um ein Uhr morgens kommt das Enkelkind, der Jeune, mit seinem Kofferradio nach Hause. Auch er scheint sich auf eine Bastmatte zu legen, will aber nicht die Stille der Natur genießen. Nein, er stellt »France international« auf volle Lautstärke. Die ganze Nacht. Niemand im Haus stört sich daran, nur die Besucherin. Modernes Leben in afrikanischen Dörfern. Am frühen Morgen, noch bevor die Sonne richtig heraufgezogen ist, sitzt die gesamte Hausgesellschaft der vergangenen Nacht wieder auf Holzschemeln vor der Tür und isst den Hirsebrei vom Vorabend.

MAISON DE PASSAGE

Es ist schon dunkel. Eigentlich fällt man zu dieser Stunde nicht mehr in afrikanische Dörfer ein. Aber was sollen wir tun, vier nigrische Beamte eines Ministeriums und die deutsche Besucherin. Seit mehr als einer Woche sind wir schon gemeinsam unterwegs. Zu allen Gebetszeiten wird der Wagen auf der Straße angehalten, die Nigrer beten auf den Teerstraßen gen Mekka, die Besucherin wendet sich für einige Minuten höflich ab, dann wird weitergefahren. Zwischendurch kauft einer der Beamten Matratzen in Maradi, beste Ware aus Nigeria. Er hat vor, bald zu heiraten. Und gut schlafen kann man in Niger nur auf den Matratzen aus Nigeria. Meist Schmuggelware. Auf dieser Fahrt durchs Land bricht auch immer mal wieder der Wagen zusammen, den das Ministerium der Suchtruppe nach Projekten mitgegeben hat. Mal ist es der Vergaser, mal die Bremse, mal die Zündung. »La voiture ne marche pas«, ist die Standardbegrüßung am frühen Morgen. Später erfahre ich, das sei normal. Besucher bekämen immer die runtergefahrenen Autos des Ministeriums. Am Ende der Tour durchs Land hätte das Auto dann gewöhnlich ein neues Innenleben, bezahlt von den Besuchern. Auf diese Weise spare das Ministerium die Wartungskosten.

Die Gesellschaft erreicht müde den Ort Taoua, in der Nähe soll es ein italienisches Entwicklungsprojekt geben. Es sei schon von weitem sichtbar. Im Umkreis von zehn Kilometern sähe man nur Fiat-Lastwagen. Aber sie helfen jetzt in der Nacht auch nicht. Wir brauchen eine Lagerstatt. Der Sous-Préfet ist nicht im Ort. Soll aber noch kommen. Nur er kann das Problem heute Nacht lösen. Man wartet. Eine Stunde, zwei Stunden. Dann kommt er. Ja, kein Problem. Die Maison de Passage sei gleich nebenan. Ein einfaches Gebäude, aus Lehm oder Zement. Jeder von uns erhält ein Zimmer. Es gibt Wasser zum Waschen, eine Matratze und eine schäbige Neonbeleuchtung. Schnell begibt man sich an diesem Abend zur Ruhe. Es ist unsäglich heiß. Doch die Tür öffnen, in einer Umgebung, die man nicht kennt? Bis jetzt haben wir alles nur in der Dunkelheit gesehen. Es wird viel geschwitzt in dieser Nacht. Man sehnt den Morgen herbei. Geschlafen wird wenig. Kaum dringt der erste Lichtstrahl ins Lehmgebäude, wird die Tür geöffnet. Man sieht tote Skorpione auf dem Boden. Froh, die Nacht überstanden zu haben,

Sultan von Zinder/ Niger 1993

werden zur Stärkung des Kreislaufs zehn Kniebeugen absolviert und ein paar Kreis- und Rumpfübungen. Plötzlich betritt ein kräftiger Mann das Zimmer, so leise, dass man ihn nicht gleich bemerkt. Er ist blau eingekleidet. Kurze Hose, blauer Überwurf mit einem Kragen wie von einem Matrosenkleid. Er hat ein Tablett in der Hand und will das Frühstück servieren.

Nach der stickigen Nacht nimmt man das Frühstück besser vor der Tür ein, französisches Baguette – wie überall in den ehemaligen französischen Kolonialgebieten – und besten Nescafé aus Nigeria. Die Kühle des Morgens genießend eröffnet sich den Besuchern ein ungewöhnliches Schauspiel. Eine Tür des Innenhofs wird plötzlich aufgestoßen. Herein spaziert ein Soldat mit einem Gewehr, ihm folgen 15 blau gekleidete, dünne Männer. Am Ende wieder ein Soldat mit der Waffe. Sie durchqueren den Innenhof. Später sieht man sie bei gemeinnütziger Arbeit im Ort, Umgraben und Unkrautzupfen. Es sind die Gefangenen des Ortes, meistens Viehdiebe. Bei guter Führung dürfen sie auch schon mal das Frühstück servieren.

Botsuana lebt nach wie vor von seinen Diamanten. Sie ermöglichen dem Staat, seinen finanziellen Verpflichtungen ohne große Probleme nachzukommen, wie zum Beispiel der Finanzierung von Ausbildung und dem Unterhalt von Ausbildungseinrichtungen – in den meisten afrikanischen Staaten ein nicht lösbares Problem. Regiert wird das Land von einer kleinen reichen Schicht. Botsuana lässt arbeiten. Simbabwer und Sambier halten den Schuldienst aufrecht. Weiße Ausländer sitzen in Linienfunktion im Ministerium. Profitiert hat das Land jahrzehntelang von seiner Frontstaatenfunktion gegenüber Südafrika. Auf die neue Situation, ein ganz normaler Nachbar des afrikanischen Kolosses Südafrika zu sein, hat es sich noch nicht eingestellt, es wird ja noch genügend Geld verdient. Gefeilt wird allerdings an Tourismuskonzepten. Anzubieten hat man zum Beispiel das Okavango-Delta, eine riesige Sumpflandschaft.

Die Camps erreicht man mit kleinen Flugzeugen. In den Camps sitzt eine bunte Mischung von Touristen: Ein englisches Ehepaar, das jahrelang in Nigeria lebte und im Ölgeschäft tätig war, verbringt seinen Lebensabend jetzt mit *Bird watching*. Pro Camp haben sie das Ziel, zwischen vierzig und hundert verschiedene Vögel zu beobachten. Während der Mann – gentlemanlike – durch das Fernglas sieht, sitzt seine Frau neben ihm und schreibt die gesichteten Vögel auf. Zurück in England wird sortiert. Ein junges englisches Ehepaar befindet sich auf Hochzeitsreise. Der frisch gebackene Ehemann beeindruckt am nächsten Tag seine Ehefrau, indem er bis zu den Knien durch das von Krokodilen wimmelnde Wasser watet, allerdings unter Aufsicht eines Afrikaners. Des Weiteren füllt sich der Abendtisch mit einem Manager aus Großbritannien und seiner neuseeländischen Ehefrau, einem Rentnerehepaar, ebenfalls aus Großbritannien und einer australischen Systemanalytikerin, von der alle behaupten, sie sei verhaltensgestört. Ihre Verhaltensstörung: Sie fährt allein – ohne Partner – von Camp zu Camp.

Zweimal am Tag kann man im Einbaum durch die schilfbewachsenen Flussläufe staken, das heißt, man wird von einem jungen Botsuaner gestakt. Nach 45 Minuten verlässt man den Einbaum und unternimmt einen nicht ungefährlichen *Gamewalk*. Ursprünglich wollte ich mich am *Gamewalk* nicht beteiligen. Meine Angst vor der leibhaftigen Begegnung mit echten wilden Tieren in der freien

Wildbahn ist ziemlich groß. In der irrigen Annahme, dass wir nur staken und allenfalls Krokodile aus sicherem Abstand sichten, komme ich mit. Doch plötzlich heißt es: wir gehen. Ich habe nur die Wahl, allein im Einbaum zu bleiben und möglicherweise in die Augen und Mäuler der Krokodile zu blicken oder mitzugehen. Also gehe ich mit. Unser *Guard* ist ein sehr junger Botsuaner. Aus sicherer Entfernung sehen wir Elefanten. Als die Elefanten aber auf einen einzelnen Weißen in der entfernten Lichtung zutraben und dabei bedrohliche Laute ausstoßen, steckt unser Führer seine rechte Faust in den Mund. Wir mussten unterschreiben, dass wir uns den Anordnungen unseres Führers ohne Wenn und Aber fügen. Doch bei dieser Geste habe ich den Eindruck, dass wir uns im Zweifel selbst in Sicherheit bringen müssen. Das Schlimmste, was man machen kann, ist wegrennen, wurde uns gesagt. Die Tiere sind schneller. Stehen bleiben und ruhig bleiben, keine bedrohlichen Gesten für die Tiere. Aus nächster Nähe sehen wir Giraffen, Elefanten, Gnus. Am nächsten Tag wird wieder mit den Morokoroeinbäumen in die Wildnis gestakt. Dieses Mal sehen wir Paviane, die vor uns das Weite suchen. Später entdecken wir frische Elefanten- und Löwenspuren. Die Löwen haben in der Nacht Wild vor sich hergetrieben. Alles hat sich verzogen, an diesem Morgen sehen wir nichts außer den frischen Spuren und Knochenresten von Giraffen sowie eine Touristengruppe aus einem anderen Camp. Wir sehen sie von Ferne über eine Lichtung schreiten, die Frauen zum Teil in knappen Bikini-Oberteilen und leicht um die Hüften geknoteten Strandtüchern. Öko-Tourismus wird das hier genannt. Öko-Touristen sollen in diese einzigartige Wildnis auch schon mal mit Motorbooten vordringen, weil das Staken so lange dauert. Die Hippos reagieren mit zunehmender Aggressivität auf diesen Vandalismus. In den letzten Wochen haben sie mehrmals die harmlosen Morokoroeinbäume umgeworfen. Die Flusspferde tauchen einfach ab und richten sich unter dem Boot auf, die Bootsgesellschaft fällt in den Fluss. Was nicht ungefährlich ist. Die Menschen müssen sich notgedrungen ins Schilf flüchten, wo Krokodile auf sie warten können.

Die Geschichten von sorglosen Touristen, die in dieser Gegend meinen, sie seien im Zoo, sind endlos – kein Jägerlatein. Jedes Jahr zahlen einige mit ihrem Leben. Wie der Japaner, der im Chobé-Park ausstieg, um ein Löwenbaby ganz aus der Nähe zu fotografieren. Die Löwenmutter machte kurzen Prozess mit ihm. Oder die beiden Jungs aus Hoyerswerda. Glücklich über die offenen Grenzen in Deutschland zogen sie in Botsuanas Nachbarland Namibia. Unter sternenklarem Himmel in der Etosha-Pfanne ballerten sie sich mit Bier voll, legten sich ins Zelt und meinten, es reiche, wenn man vom Hals abwärts im Zelt liege, den Kopf aber unter den sternenklaren Himmel betten würde. Ein Löwe kam nachts vorbei und nahm den Kopf mit. Auch im Okavango-Delta nehmen die Zwischenfälle zu. Man rätselt, wie lange Botsuana diese *Gamewalks* mit unbewaffneten Führern noch gestattet. Das Camp, in dem wir übernachten, wurde in den letzten Jahren immer mal wieder von Elefanten überrannt. Erst vor einem Jahr trampelte ein Elefant die Hütte nieder, in der ich jetzt – nach dem Wiederaufbau – übernachte. Das Camp ist seither mit einem elektrischen Zaun umgeben. Die Elefanten bleiben draußen, Hyänen kommen aber weiterhin bis in die Campküche.

Ein weiteres Touristengebiet ist direkt am breiten Okavango-Fluss gelegen, Drotzky's Cabin. Drotzky, ein weißer Südafrikaner, auf einem der legendären Trecks vor mehr als einhundert Jahren ist seine Familie hier hängen geblieben. Neben kilometerlangen gelben Papyrusfeldern direkt am Fluss sind wunderschöne feste Häuser errichtet worden. Doch die Schönheit der Wohn- und Gartenanlage ist hochgefährlich. Man wiegt sich angesichts des europäischen Standards in trügerischer Sicherheit, während ringsherum die Gefahr in Gestalt von Hippos, Krokodilen, Skorpionen und schwarzen Mambas lauert. Hippos kommen nachts aufs Grundstück. Während unserer Bootsfahrt tauchen blitzschnell zwei Hippos auf und schwimmen auf unser Boot zu, ein Krokodil gleitet vom Ufer ins Wasser. Über uns kreisen immer wieder die buntesten Vögel. Schlangenbisse und celebrale Malaria fordern hier die meisten Todesopfer. 1994 verschwand ein ganzes Postschiff nachts im Fluss. Die Besatzung des Schiffs war betrunken, Hippos kippten es um, Krokodile besorgten den Rest. Niemand überlebte.

Für zehn Tage kommt jedes Jahr ein Rentner aus Münster zu den Droztky's. Tag für Tag schießt er zweihundert Bilder von den Kingfish-Vögeln. Angeregt wurde er durch einen Fernsehfilm im ZDF. Manchmal schafft er es, dass die Hasselblatt-Fachzeitschrift eines seiner Bilder veröffentlicht. Vögel zählen, wie das britische Ehepaar, oder Vögel fotografieren, wie der Deutsche, für beide ist es der Inbegriff eines erfüllten Lebensabends.

Mr. Banks bezeichnet sich selbst als Kalahari-Driver. Mit seinen weißen Shorts und immer blütenweißem Hemd fährt er mich wochenlang durch Botsuana. Betreten wir ein Hotel, rennt er vornweg mit seinem Kleidersack, während ich mit meinem Rolly und meinem Koffer hinterher ächze. Mr. Banks redet nicht viel, hat aber ein todsicheres Auge für Wild. Lange bevor ich überhaupt kreuzendes Wild erkenne, nimmt er schon das Gas zurück. Den Namen Kalahari-Driver hat er sich zugelegt, als er jahrelang die amerikanischen Peace Corpsler zu ihren jeweiligen Einsatzstätten in der Kalahari fuhr. Jetzt arbeitet er für eine internationale Entwicklungsorganisation in Gabarone. Am Anfang hatte ich das Gefühl, ich müsse ihn auf den langen Strecken unterhalten, damit er nicht einschlafe. Er zieht es aber vor, nicht oder nur kaum zu reden, weil er sich aufs Fahren konzentriert. Einverstanden, umso intensiver kann ich das Ockergelb rechts und links an den Straßenrändern und die anschließende Weite in mich aufsaugen. Afrika am späten Nachmittag, bei langsam sinkender Sonne, Ockergelb und Rotbraun, ein wunderbares Farbenspiel. Jeden Tag freue ich mich auf diese eine Stunde am späten Nachmittag und bin dann froh, wenn niemand neben mir sitzt und mich voll quatscht. Mit Grausen denke ich noch an Agadez, wo mich Mitte der Achtzigerjahre ein Deutscher an einem Abend im Schatten der Moschee von Agadez mit Geschichten aus einer Parteibetriebsgruppe aus Süddeutschland glaubte unterhalten zu müssen. Schön ist diese eine Stunde auch im Dorf, am besten in einem Saheldorf. Es wird langsam kühler, die Afrikaner selber sind dann gewöhnlich auch schweigsam, müde vom Tag. Mr. Banks ist nicht müde, er fährt schnurgeradeaus, konzentriert sich auf die Straße und kreuzende Elefanten oder umgebaute Lastwagen. Auf offenen Lastwagenanhängern schaukeln in weichen Sitzen europäische Touristen durch das südliche Afrika. Wir kreuzen ihre Wege wie die der Elefanten und geben ihnen gewöhnlich die Vorfahrt.

Irgendwo in Botsuana in einem kleinen Ort stoßen wir auf einen ehemaligen deutschen Polizisten. Er betreibt hier eine kleine Pension. Zurzeit ist er in Swakopmund in Namibia in Urlaub. Zum Glück, sagen mir die Deutschen, denn einen solchen Rassisten hätte ich noch nicht erlebt. Ich erinnere mich dunkel an einen Polizeiskandal Mitte der Achtzigerjahre in Berlin. Einige mussten damals die Polizei verlassen. Hier hat die Hälfte des Personals den Besitzer schon verlassen, die andere Hälfte, die noch aushält, ist auf das Geld angewiesen. Sie lachen über seine rassistischen Ausfälle. Wir bleiben eine Nacht in seiner Pension, es gibt keine Alternative.

ERITREA 1996

Nach dreißig Jahren Krieg versuchen die Eritreer, sich seit 1993 wieder mühsam einen Weg ins zivile Leben zu bahnen. Wie in Deutschland in den Fünfzigerjahren sieht man leere Ärmel und Hosenbeine, steife Beine, Holzbeine. Auf der Fahrt von Asmara nach Tessenei liegen rechts und links noch die zusammengeschossenen Panzer und Lastwagen der äthiopischen Armee, ihr Kriegsmaterial stammt aus der untergegangenen DDR. Aus den IFAD-Lastwagen und den Panzern wächst mittlerweile Grünzeug. Die äthiopische Armee versuchte, sich über diese Straße in den Sudan zurückzuziehen. Viele Soldaten starben bei diesem Versuch. Als wir einen ausgebrannten Panzer aus der Nähe betrachten, sage ich laut: »Hier sind Leute verbrannt.« Mir fielen die zwangsrekrutierten äthiopischen Kinder und Jugendlichen aus den Dörfern um Gimbi in Wollega ein, die ich im Dezember 1988 morgens zwischen sechs und sieben Uhr an meiner schäbigen Kaschemme hatte vorbeiziehen sehen, deren Anblick ich nicht vergessen kann. Mein eritreischer Begleiter, der erst in den letzten Kriegsjahren aus Äthiopien zurückgekehrt war, selbst nie gekämpft hat, jetzt aber gern ununterbrochen über die Befreiungsarmee und seinen eigenen Beitrag als ziviler Schreibtischarbeiter in den befreiten Gebieten redet, meint dazu, die Gegend sei nun sehr fruchtbar. Ich denke nie wieder laut in seiner Gegenwart. Die kampferprobten Ex-Soldaten, die das Sterben links und rechts neben sich gesehen haben, sind gewöhnlich schweigsam. Zynische Antworten sind nicht ihre Sache. Viele von ihnen wollen nicht zurück ins Soldatenleben, sondern versuchen, sich in das zivile Leben einzufädeln, auch wenn es schwer fällt.

Eritrea hat zurückkehrende Flüchtlinge aus den Lagern im Sudan und ehemalige Soldaten zu integrieren. Dreißig Jahre haben diese Menschen größtenteils unter Ausnahmebedingungen gelebt. Wie findet man dann überhaupt den Weg zurück in die Normalität? Die wirtschaftlichen Kreisläufe basierten während des Krieges in den befreiten Gebieten auf Naturalwirtschaft. Für viele Soldaten ist es das erste Mal, dass sie Geld verdienen. In der Armee wurde für sie gesorgt, dafür mussten sie kämpfen. Die demobilisierten Soldaten erhielten je nach der Länge ihrer Soldatenzeit 1993 eine Abfindung. Jetzt werden sie in wenigen Monaten Seite an Seite mit den Flüchtlingen als Maurer, Schreiner, Klempner ausgebildet. Bezahlt wird diese Ausbildung aus der Entwicklungshilfe. Ein sinnvoller Beitrag für ein Land im Übergang, im Aufbau, eine Präventivmaßnahme gegen soziale Spannungen, gleichzeitig ein Beitrag zur nationalen Versöhnung. An jedem Lohn der Auszubildenden hängen drei bis neun Familienmitglieder. Verdient wird zwischen 250 Birr (25 Euro) und 1 500 Birr (250 Euro).

Ahmed Mohamed lernte gleich drei Länder als Flüchtling kennen. Nach der Schule entfloh er dem Krieg und ging in den Irak, dort ließ er sich zum Elektriker ausbilden. Während des Golfkrieges 1991 setzte er sich in den Iran ab. Es war einfach, den Irak zu verlassen, es war schwierig, dem Iran zu entkommen. Eritrea war zu diesem Zeitpunkt noch nicht befreit. Nur mit Mühe gelang es ihm, sudanesische Flüchtlingslager zu erreichen. In den Flüchtlingslagern betätigte er sich als Ausbilder. 1993 kann er dann endlich mit seiner Frau zurück nach Eritrea, wo sein einziges Kind stirbt. In Eritrea bildet man ihn nicht weiter als Elektriker, sondern statt dessen als Schreiner aus. Aber auch damit geht er seinen Weg weiter. Er findet eine Anstellung im Schreinerbetrieb eines aus Deutschland zurückgekehrten Eritreers.

In den sudanesischen Flüchtlingslagern haben die meisten Eritreer etwas Geld verdienen können. Am besten ging es den Eritreern, die sich regulär im Sudan niedergelassen hatten. Kassala beispielsweise, eine sudanesische Stadt nahe der eritreischen Grenze, wurde zeitweilig von Flüchtlingen dominiert. Dort brachten sie es zum Teil sogar zu einem bescheidenen Wohlstand. Arbeit zu finden, so die ehemaligen Flüchtlinge, sei im Sudan kein Problem gewesen. Umso enttäuschter sind sie von Eritrea, wo es westlich von Asmara wenig Arbeit gibt. Der Aufbauboom findet in Asmara und an der Küste statt. Im Westen kann es manchmal lukrativer sein, Steine für 70 Birr (etwa 12 Euro) am Tag zu schleppen, als für 25 Birr (2,50 Euro) als Schreiner in einer chinesischen Firma zu arbeiten oder für 50 Birr (15 Euro) pro Woche in einer Autoreparaturwerkstatt.

Anders sieht es bei den Ex-Soldaten aus. Sie schlossen sich den Kämpfern zum Teil direkt von der Schulbank an. Einige besuchten nur vier Jahre die Schule, andere sechs bis zehn Jahre. Dann kämpften sie, jahrelang. Nach dem Krieg nutzten einige ihre Abfindung (500 bis 1 500 Euro) und drückten für einen Schulabschluss wieder die Schulbank, bevor sie die Handwerksausbildung absolvierten. Ato Malake beispielsweise schloss sich nach sechs Schuljahren 1979 der Befreiungsbewegung Eritrean Liberation Front an, wechselte 1987 zur Eritrean Peoples' Liberation Front, bis er 1993 demobilisiert wurde. Nur schießen habe er gelernt. Sein Leben als Maurer-Lehrling in der Zivilgesellschaft genieße er jetzt. Schließlich habe er einen Achtstunden-Tag. Als Soldat sei man nie zur Ruhe gekommen. Von den 40 Euro Trainingszulage schicke er 25 Euro an seine vierköpfige Familie.

Mule, eine Eritreerin, hat 16 Jahre als Soldatin verbracht, 1993 wurde sie mit 10 000 Birr demobilisiert, etwa 1 000 Euro. Sie ließ sich zur Schneiderin ausbilden, fand danach jedoch keine Anstellung. Gemeinsam mit ihrer Mutter verkauft sie nun Sua, einen eritreischen Schnaps. Pro Tag verdient sie vielleicht 20 Birr (2 Euro) mit Sua. Davon zahlt sie das Schulgeld für ihre Kinder.

Wie schwierig die Wiedereingliederung in das zivile Leben sein kann, erfuhr Ato Berhanu ziemlich schnell. Nach acht Schuljahren kämpfte er acht Jahre in der Befreiungsarmee. 1994 wurde er demobilisiert und mit 1 000 Euro abgefunden, die er in einen Kleinhandel investierte. Ohne Lizenz transportierte er Güter zwischen Asmara und Akordat. Er vergaß die Preisunterschiede zwischen Asmara und Akordat, so kaufte er teuer ein und verkaufte billig, bis er pleite war. Der Pleite folgte die Scheidung, die den letzten Rest der Abfindung verschlang. Notgedrungen musste sich Berhanu dem Steinetragen zuwenden, bis er sich zum Elektriker ausbilden lassen konnte.

In Barentu, westlich von Akordat, treffe ich den Hirten Adam Afa. Er hat Kamele gehütet, bis er Mitte der Siebzigerjahre in den Flüchtlingslagern im Sudan landete. Die Kamele starben während der Dürre. Als Analphabet arbeitete er in den Flüchtlingslagern im Sudan als Gärtner, reparierte Tukuls, die traditionellen Rundhäuser aus Gras und Stroh. Zurück in Eritrea lässt er sich im Schnelllehrgang zum Maurer ausbilden. Er ist der einzige Analphabet unter den Auszubildenden. Geduldig erklären ihm die Lehrer die Lehmbauweise. Immerhin kann er nach Abschluss der Ausbildung mit 10 bis 12 Birr (2 bis 3 Euro) am Tag eine Frau und zwei Kinder ernähren.

Abdulrahman hat acht Jahre Kampf hinter sich und kaufte sich von der 10 000 Birr-Abfindung (etwa 2 000 Euro) zwei Kühe

und einen Esel. Den Rest spart er. In der Armee war er für Zäune zuständig. Aus dem Nichts musste er Zäune anfertigen. Nach seiner Meinung schult das die Improvisation. Nun zieht er Mauern für ein Jugendzentrum hoch.

Habte Tesfaye, auch ein demobilisierter Kämpfer, muss seinen Bruder versorgen, eine Waise. Von seinem Lohn schickt er regelmäßig Geld an seinen Onkel, damit seine Tante seinem Bruder das Essen bereitet. »Wir brauchen euch nicht mehr, wir verdienen mit der Ausbildung jetzt unser Geld«, sagt Habte Tesfaye.

ÄTHIOPIEN 1997 – NACH ETHNIEN GEORDNET

Addis Abeba, Dezember 1997. Die Göttin Silkit hängt immer noch da, wo ich sie 1988 gelassen hatte: »Ich habe das Gestern gesehen, ich kenne das Morgen«. Sie hat den prominentesten Platz im Zimmer. Zwischenzeitlich war sie von der Wand gefallen. Man hat sie aufgehoben, wieder unter Glas gebracht, dieses Mal in Holz gerahmt. »Ich habe das Gestern gesehen, ich kenne das Morgen«, dieser Spruch Silkits ausgerechnet in diesem Land!

Mengistu war gegangen, der Krieg hatte aufgehört. Es wurden keine zwölfjährigen Milchgesichter mehr eingezogen. Praktiziert wurde Demokratie à la tigrischer Befreiungsfront, die ursprünglich dem albanischen Kommunismus huldigte. Was die Amerikaner nicht störte. Das Land hatte sich nach dem Willen der tigrischen Befreiungsfront, von den Amerikanern geduldet, entlang ethnischer Linien zu organisieren. Ethnischer Linien? Addis rein ethnisch? Wo und wie zieht man die Linien? Linien werden trotzdem gezogen. Plötzlich ist jemand Oromo, der es nicht mehr wusste. Nur weil ein paar Berufene mit Ethnien Politik machen. Die Amerikaner haben den Runden Tisch von London 1991 aufgelöst und das Land den Ethnien überlassen, in dem die Tigre den Ton angeben. An den Rändern der nach Ethnien geordneten Provinzen bröckelt es, nein, brodelt es. Verläuft die Grenze hier richtig? Manch ein Politiker träumt vom eigenen Land für seine Ethnie, mit ihm als Präsident, als Minister an der Spitze. Der Provinzstatus wird als unangemessen betrachtet. Mit Bomben wird den Forderungen Nachdruck verliehen.

»Ein paar Ausländer müssten sterben, in den internationalen Hotels, damit CNN sein grelles Licht auf die unterdrückten Ethnien werfe« so argumentieren einige Hitzköpfe unter einer weiteren Generation selbst ernannter »Befreier«.

Wo sind die übergreifenden Ideen geblieben? Verschwunden. Weggepustet. Weggetragen von den Ideologien, die keiner mehr hören wollte und konnte, die nicht die Antwort sein konnten; die blutleer einforderten, was es nicht gab und geben kann. Aber Kleinstaaten entlang ethnischer Linien, es klingt eng, nach Schrebergarten, was folgt danach? »Ich habe das Gestern gesehen, ich kenne das Morgen«, spricht Silkit in Addis, spricht der Afrikaner, der den Kaiser, Mengistu, den Untergrund, den Abgrund, die Gewehre, die Ethnien gesehen hat.

WEITER ABWÄRTS – KENIA

Das dritte Mal in Kenia, seit 1990. Jedes Mal ist das Land ein bisschen weiter nach unten gerutscht. Weiter runter geht es eigentlich nicht mehr, so dachte ich 1998. Der Präsident, Arap Moi, vom Stamme der Kalenjis, hat das Land nicht mehr fest im Griff. Sein

Finanzminister verkündet im März 1998 in Mombasa, dass das Land pleite sei und die Korruption außer Kontrolle. Moi schäumt vor Wut, entlässt ihn aber nicht. Stattdessen hält er acht Tage später eine eigene Wirtschaftskonferenz ab. Doch dort wird er von der eigenen Opposition in seiner Kanu-Partei und den zahlreichen Oppositionspolitikern anderer Parteien mit Fakten konfrontiert, die wenig schmeichelhaft sind. »Wir haben ihn umzingelt«, wird wenig später eine Oppositionspolitikerin sagen, die Anfang der Neunzigerjahre noch von den Moi-Truppen zusammengeschlagen worden war.

Die Oppositionspolitiker sind sich einig: Die ethnischen Auseinandersetzungen im Rift Valley sind vor allem von außen gesteuert. Es geht um Land. Moiis Politik sei darauf gerichtet, verschiedene Ethnien zusammenzufassen und ihnen Gebiete zuzuweisen, die traditionell von anderen Ethnien besiedelt werden. Damit sind Probleme und Auseinandersetzungen vorprogrammiert. Korrupte Kommunalpolitiker zündeln dann in diesen Gebieten so lange, bis es zu ethnischen Zusammenstößen kommt. Dann schickt Moi die Armee in die Unruhegebiete und gibt sich den Anschein eines starken Mannes. Er wird gebraucht, nur er kann die Ordnung wieder herstellen. Im Umfeld der Nachbarländer gilt Moi dem Westen noch immer als bessere Option. Arten die internen Auseinandersetzungen aus, wird schon mal der amerikanische Reverend Jackson auf Bitten von Präsident Clinton eingeschaltet, um die Auseinandersetzungen zu beenden. Er kann wenig bewirken. Die amerikanische Afrikapolitik hat im letzten Jahrzehnt das Chaos in den afrikanischen Krisengebieten oftmals falsch eingeschätzt und zementiert. Immer wieder arrangierte sie sich mit den falschen Propheten, deren Hände blutbefleckt sind von überflüssigen Kriegen.

Hat die politische Elite das Land abgewirtschaftet, so kämpft das Volk gegen biblische Krankheiten. In der Gegend um Homa Bay am Lake Victoria sind 33 Prozent der Bevölkerung mit Aids infiziert. 33 Prozent! Jeden Tag wird hier gestorben. Zurück bleiben Aids-Waisen, sie wandern zu den Verwandten, von einer Familie zur anderen, sie bleiben, bis auch hier das Oberhaupt stirbt. Schulen bieten mittlerweile Stipendien für Aids-Waisen. Die Holzsärge werden knapp, das Geld auch. Beerdigungen sind teuer. Ein Sarg kostet umgerechnet etwa 25 Euro. Die Beerdigungsfeiern ziehen sich über Tage hin. Aus dem ganzen Land kommen die Verwandten. In manchen Ethnien ist es Sitte, zum Beispiel bei den Luos, dass während der Beerdigung neues Leben gezeugt wird. Also schlafen entfernte Verwandte miteinander und Aids zieht weitere Kreise. Ebenfalls ist es Sitte, dass die Witwe vom Bruder übernommen wird. So findet Aids Eingang in eine weitere Großfamilie. Kondome für Männer und Frauen sind erhältlich, allerdings werden nicht immer alle Automaten regelmäßig mit Nachschub versorgt.

Verzweifelt erzählt ein Medical Officer in Mwingi: »Wir haben alles versucht, wir sind in die Bars gegangen, wir haben an strategischen Punkten Kondome verteilt, wir haben aufgeklärt, und trotzdem hängen junge Frauen aus den Dörfern in den Bars herum. Wir dachten, sie hungern. Wir gingen mit ihnen in die Dörfer, um zu sehen, ob sie an Hunger leiden und sich deswegen prostituieren müssen. Sie hungern nicht. Es ist die *Attitude*. »They don't change their attitude.« Nun soll eine Studie klären, wie man Lebenseinstellungen ändert.

KAMERUNS TRANSMISSIONSRIEMEN

Über Radio Yaundé werden die ehemaligen Stipendiaten Kameruns in Deutschland aufgerufen, sich bei uns zu melden. Und sie kommen, alle, nach Yaundé und Douala. Dabei wollten wir nur eine ganz bestimmte Gruppe interviewen. Was ist aus ihnen geworden? Tagelang hören wir ihren Erfahrungen in Deutschland und nach ihrer Rückkehr in Kamerun zu.

Sie haben in Deutschland Ingenieurwissenschaften, Betriebswirtschaft, Kraftfahrzeugtechnik, Zahnmedizin studiert, kehren zurück, bauen unter erschwerten Bedingungen Praxen auf, jede Genehmigung muss doppelt und dreifach bezahlt werden, aber sie geben nicht auf.

Hier sitzen die afrikanischen Transmissionsriemen vor uns, die nach einem Aufenthalt in Deutschland, in Europa mit geschärft kritischem Blick zurückkommen. Und Deutschland verliert sie aus dem Auge. Sie fühlen sich ignoriert.

Und wieder Äthiopien – 1999

Da gehen sie wieder, die Jungs zwischen 15 und 19 Jahren. Dieses Mal angeblich freiwillig. Freiwillig? Wie vor zehn Jahren in Wollega/Gimbi. Sie traben nur weiter nördlich im Gänsemarsch in der Amhara-Region, in Ibenat und Belessa. Freiwillig sollen sie dem Ruf des Vaterlandes gefolgt sein, um es an der Grenze zu Eritrea zu verteidigen. Im Mai 1998 hatte Eritrea Äthiopien überfallen. Feinsinnig wird im Westen diskutiert, ob die Äthiopier diesen Überfall provoziert haben. Eritrea genießt immer noch den guten Ruf, den es sich als Befreiungsbewegung bei den Linken im Westen einstmals zugelegt hatte. Die gepflegte Opferrolle verhinderte bislang jegliche Demokratisierung in Eritrea. Eritrea war nach der Befreiung politisch vor allem eine Ein-Mann-Show des Präsidenten und ehemaligen Führers der Befreiungsbewegung. Erst nach dem Überfall sieht der Westen sich zögerlich die internen Strukturen Eritreas an und muss feststellen, dass sie sich wenig vom Nachbarland Äthiopien unterscheiden. Ergebnis der Ignoranz ist, dass sich jetzt wieder zwei Millionen Eritreer und sechzig Millionen Äthiopier feindlich gegenüberstehen. 1993 war Eritrea nach dreißig Jahren Befreiungskriegen unabhängig geworden. Der Zufall will es, dass der Staatspräsident Eritreas und der Premierminister Äthiopiens verwandt sind. Und nun sollen diese Jungs hier die verwandtschaftlichen Streitereien entscheiden. Diese frischen Bauerngesichter, die in den Fehden der Mächtigen verschlissen werden. Es sind diese Jungs, die in den nächsten Wochen und Monaten durch die Minenfelder gejagt werden, damit die Panzer unbehelligt vorrücken können. Jetzt werden sie noch morgens um sechs Uhr auf dem Sportplatz in Ibenat im Marschieren geschult. Wenigstens sollen sie in geraden Linien und im Gleichschritt durch die Minenfelder gehen, bis sie in der Luft zerrissen werden. 80 000 Tote soll es in diesem völlig überflüssigen Krieg schon gegeben haben.

Die Zeit ist stehen geblieben, hier in den abgelegenen Dörfern Äthiopiens. Gehungert wird zurzeit nicht, entwickelt aber auch nicht.

Das ist also das Land, in dem eine Million Menschen hingemetzelt, abgeschlachtet worden sind, mit Macheten, mit Maschinenpistolen, von Nachbarn, vom Militär, von vermeintlichen Freunden. 800 000 Tutsis und 200 000 gemäßigte Hutus fielen dem Wahn von einem Monat im Jahr 1994 zum Opfer.

Aufgeschaukelt hatte sich der Hass seit langem. Hutus gegen Tutsis, die Tutsis gegen die Hutus, Ackerbauern gegen die Viehzüchter, die Viehzüchter gegen die Ackerbauern. Angestachelt durch das Hass-Radio, vorbereitet durch die Intellektuellen, die Minderjährige zu Mördern machten. Es sind diese Minderjährigen, gekleidet in rosafarbenen kurzhosigen Anzügen, die ich auf dem Weg von Kibungo nach Kigali sehe. Diese jungen Mörder, fast alle unter zwanzig Jahre, waren 1994 noch Kinder, pubertierende Jugendliche, als sie zur Machete griffen, als sie zu Mördern wurden. Jetzt sitzen sie im Gefängnis. Wenn sie Glück haben, werden sie endlich alphabetisiert und lernen einen Beruf oder werden in der Kommunalarbeit beschäftigt. Wann sie frei gelassen werden, weiß niemand.

Wie können diese jungen Mörder je wieder in die Gesellschaft eingegliedert werden? Wie können Mörder und Überlebende wieder Seite an Seite leben? Diejenigen, die Massen aufgehetzt haben, sind häufig geflohen, befinden sich im afrikanischen Ausland oder sind als vagabundierende Militärs im benachbarten Kongo unterwegs. Dort befehligen sie als Räuberhauptmänner wiederum verführte Minderjährige.

Und die Regierung der Tutsi, die sich nach dem Blutrausch in Ruanda etablierte? Nun, sie schickt ihre regulären Truppen in den Kongo, wo sie sich mit ebensolchen Truppen des ugandischen Militärs um die Diamantenstadt Kisangani eine Schlacht liefern. Beide Truppen brauchen Geld, also überfällt man den politisch schwachen Kongo, Kongo-Kinshasa. Kinshasa hat sein Land nicht mehr unter Kontrolle, an den Rändern wird es zur Beute seiner gierigen Nachbarn, Räuberbanden, die angeblich das Volk vertreten und Kinder in den Krieg schicken.

In dieser Ecke ist Afrika wirklich dumpf und engstirnig, die Waffen terrorisieren die Zivilbevölkerung. Nach dem Völkermord in Ruanda meinte die Tutsi-Regierung, alle Hutus aus den Wäldern an die Straße treiben zu müssen, damit sie den Mördern keinen Unterschlupf gewähren. Neues Unrecht war damit vorprogrammiert. Nun sitzen die Vertriebenen in Häusern, die von UNHCR entlang der Straße nahe Gisenyi Richtung Goma/Kongo gebaut wurden, auf engstem Raum aufeinander. Die Häuserwände sind zum Teil mit UNHCR-Planen bedeckt. Ihr Land in den Wäldern können sie nicht mehr bestellen. Die Wälder wurden zum Teil abgeholzt. Die Regierung in Kigali wollte weite Sicht ins Land. Die Vertriebenen beschränken sich jetzt auf den Anbau in kleinsten Hausgärten. Durchgefüttert werden sie von der Internationalen Gemeinschaft, die vergisst, die Waffen einzusammeln.

Die geflohenen Mörder- und Räuberbanden Ruandas treiben im Kongo unschuldige Flüchtlinge vor sich her, dieses Mal sind es die Kongolesen. Auch sie werden von der internationalen Gemeinschaft durchgefüttert, niemand entwaffnet die Mörder und Räuberbanden.

Gar nicht weit von diesen Abgründen der afrikanischen Gesellschaft leben die berühmten Gorillas, deren Leben im Film einer amerikanischen Forscherin festgehalten wurde. Auch sie wurde bereits 1985 Opfer von Wilddieben, vielleicht auch politisches Opfer. Ihr Tod wurde nie aufgeklärt.

Das Volk in Agonie und tiefem Misstrauen. Witwen von Abgeschlachteten neben Witwen von Mördern oder Gefangenen im gleichen Büro. Jeder misstraut jedem. Geredet wird selten. Nur manchmal bricht es aus einigen heraus, für kurze Zeit, dann ist es wieder still. Dann berichtet eine Frau, wie der Mann mit der Machete vor den Kindern hingerichtet wurde.

Das Volk ist still geworden. Den Hass der Vergangenheit kann man an den Schädeln ablesen. Manche Schädel sind gespalten, da hat die Machete ganze Arbeit geleistet. Die Schädel sind aufgestapelt, darunter, in extra Fächern, die übrigen Gebeine. Meterlange Gänge mit Schädeln, mit Gebeinen, endlos. 25 000 Menschen an aufeinander folgenden Tagen sind an dieser Stätte nahe Kigali von Militärs abgeschlachtet worden, 5 000 weitere Menschen in einer Kirche, nicht weit von diesem Platz. In der Kirche liegen auf und unter den Bänken noch die Kleider der Getöteten. Ihre Gebeine hat man eingesammelt, ebenfalls nach Schädeln und Knochen getrennt, aufgeschichtet, kleine Schädel, große Schädel, alte, junge. Und oben auf den Schädeln liegt ein Blumengebinde der deutschen Staatssekretärin Uschi Eid. Sie war im Februar 2000 hier.

Daneben noch ein Blumengebinde von einer Abordnung aus Rheinland-Pfalz. Seit 1982 unterhält das Bundesland eine Partnerschaft mit den Kommunen in Ruanda. Fassungslos über den Mord hat Rheinland-Pfalz seine Verbindungen zu den afrikanischen Partnerkommunen aber nicht eingestellt. Schließlich brauchen die Überlebenden Hilfe. Ein schwerer Schleier, gewebt aus Trauer und der Unfähigkeit, das Geschehene zu begreifen, überzieht das Land, umgibt jeden Besucher.

Als ich vor den Schädeln stehe, kommt mir für einen Augenblick der Gedanke, die Überlebenden mit den Israelis bekannt zu machen. Vielleicht können die Israelis ihnen sagen, wie man seine Trauer, seine Agonie in Worte, in Emotionen fasst, aber aufhört, einfach stumm zu bleiben.

An manchen Tagen dringt dumpfes Trommeln die Hügel hinab in die Stadt. Es ist kein fröhliches Trommeln, es ist das monotone Trommeln, das sich gegen die Einsamkeit stemmt. Immer wieder, immer im gleichen Takt, man hört nur das Trommeln, keine Schreie, kein Gestampfe von Füßen. Diese Trommeln befreien nicht. Sie hämmern den Schmerz nur tiefer ein. Für einen Moment übertönen sie den Schmerz, die Geräusche von sich spaltenden Schädeln. Und die Augen im Moment der Spaltung? Sie gucken, sie gucken mit jedem Schlag der Trommeln intensiver. Es sind die Augen der Sterbenden in ihren letzten Minuten. Ihre Blicke, die immer bleiben. Die Trommeln können die stummen Blicke nicht vertreiben. Die Hände trommeln den monotonen Takt, den Takt der Toten, die nicht mehr fragen können, warum.

EIFERER

Khartoum ist unter der Fuchtel islamischer Eiferer, wie 1990. 1994 ist alles nur noch schlimmer geworden. Die religiösen Eiferer haben es geschafft, die ehemalige Kornkammer Afrikas in eine Null-Wirtschaft zu verwandeln. Wird Geld benötigt, werden neue Scheine gedruckt. Soeben sind die neuen 100-Pfund-Scheine frisch aus der Presse gekommen, sie haben einen Wert von umgerechnet 0,25 Euro. Die guten 450 US-Dollar werden auf diese Weise in 25-Cent-Scheine verwandelt. Man trägt schwer an diesen Bündeln. Am besten verstaut man sie in Plastiktüten. Ein Verhältnis zum Geld entwickelt man nicht. Man zieht nur immer irgendeinen 100-Pfund-Schein aus den abgepackten Bündeln.

Khartoum ist langweilig. Das Leben ist irgendwie zum Stillstand gekommen. Die großen Hotels am Nil stehen leer. Allenfalls füllen sich die Terrassen zum 5-Uhr-Tee. In den Zimmern werden Ratten gesichtet. Inlandsflüge sind unregelmäßig. Die wenigen Flugzeuge, die der Staat noch operiert, werden vornehmlich im Bürgerkrieg eingesetzt, den die Regierung sich gegen den christlichen Süden leistet. Leistet? Natürlich hat der Sudan kein Geld. Die Finanzierungsquellen des Krieges sind daher geheimnisumwittert. Die Saudis haben den Geldhahn abgedreht, nachdem der Sudan im Golfkrieg den Irak unterstützte. Die USA haben den Sudan zur Brutstätte des Terrorismus erklärt und ihre Hilfe kurzerhand eingestellt. Ein Drahtzieher des Anschlags 1993 auf das World Trade Center in New York, ein ägyptischer Mullah, war über den Sudan in die USA eingereist, allerdings mit Hilfe des CIA. Der Mullah war den Amerikanern im russisch-afghanischen Krieg hilfreich gewesen. Mittlerweile sitzt er in den USA im Gefängnis. Fast alle westlichen Geber haben sich zurückgezogen. Im Bundestag wurde beschlossen, nur noch humanitäre Hilfe zu leisten. Die unselige Allianz zwischen religiösen Eiferern und Militärs verurteilt die Bevölkerung zur Apathie.

HOCHZEITSVORBEREITUNGEN

Darfur ist weit weg von Khartoum. Drei Stunden mit der Cessna über die sudanesische Wüste, dann landet man in El Fasher. Und in El Fasher trifft man einen in Bayern ausgebildeten Sudanesen, der die deutschen Entwicklungsgelder auch noch unter schwierigsten Umständen sauber verwalten konnte. Franz Josef Strauß persönlich hat ihm ein Stipendium im Allgäu verschafft, als er ihn als Kellner im Hofbräuhaus antraf. Nun, im Alter von fünfzig Jahren, hat Sallah beschlossen, zu heiraten. Ein zum Heiraten fast schon biblisches Alter. Ausersehen ist die Cousine, deren Großmutter die Tochter des Sultans von Darfur ist, der 1916 von den Engländern hingerichtet wurde. Er hatte sich der Landnahme durch die Engländer widersetzt. Eine Einheirat in eine solche Familie ist teuer. Seit Jahren wurde über den Brautpreis verhandelt. Ein Studium in Europa weist jeden Afrikaner als reichen Mann aus. Der Preis stieg von Jahr zu Jahr. Schon ging das Gerücht, die Familie wolle diesen Herrn nicht zum Schwiegersohn. Doch er trickste zum Schluss alle aus. Er zahlte in Dollar, besorgte den weiblichen Verwandten die Tops, in die sich sudanesische Frauen wickeln, wenn sie das Haus verlassen. Die Tops waren aus feinsten Stoffen, mit Goldfäden durchwirkt. Drei Tage vor den Hochzeitszeremonien werden die Geschenke allen Besuchern gezeigt. Für jeden neuen Besucher werden die Stoffe, die zehn Paar Schuhe aus Taiwan, die Kulturtäschchen der Lufthansa-Business-Klasse immer und immer wieder aus dem Koffer gezogen und vorgeführt. Lufthansa-Kulturtaschen? Der Beitrag deutscher Entwicklungshelfer zur Hochzeit, wie die flauschigen Bademäntel. Während ausländische Besucher dem Treiben eher verhalten zusehen, wühlt die sudanesische Verwandtschaft mit beiden Händen in den Koffern und kommentiert die einzelnen Stücke. Große Bewunderung lösen die kleinen Zahnbürsten der Lufthansa aus. Nur zwei sudanesische Gäste kritisieren verhalten das Treiben. »It's too much«, sagen sie. Diese Brautpreise führen dazu, dass junge Leute nicht mehr jung heiraten können. Die Alten verlangen einfach zu viel. Missbilligend verlässt eine sudanesische Krankenschwester nach wenigen Minuten den Raum. Während die Alten immer noch wühlen, fühlen sich die Jüngeren eher betroffen. Im Nebenraum bereiten ältere Frauen der Familie die Braut auf die Bauchtänze der Hochzeitsnacht vor, die sie nur zu Ehren ihres Gatten zu tanzen hat. Noch ist die Braut etwas steif in den Hüften. Mit ihren dreißig Jahren gilt sie schon als etwas angejahrt. Es wurde wirklich Zeit, sie zu verheiraten. Die Familie hat einfach zu lange um den Brautpreis gefeilscht. Der Wunsch des Ehemannes: drei Kinder, und seine Braut soll Englisch lernen, damit sie sich mit seinen ausländischen Freunden unterhalten kann.

MARKTTAG

Mit den 100-Pfund-Scheinen (0,25 Euro) besitzt man das große Geld in Kutum. Die Durchschnittspreise hier in diesem Wüstenstädtchen liegen zwischen 10 bis 15 cents. Verkauft werden Gewürze und Tee, abgepackt in kleinen Tütchen. Einmal Schuhe putzen, ein

Nomade in Gherer, Darfur/ Sudan, Januar 1994

Glas süßer Tee, alles kostet 10 bis 15 cents. Selbst die Kamelpeit-
sche kostet nur einen Euro. In Kutum sind die religiösen Eiferer aus
Khartoum weit weg. Europäische Frauen werden freundlich bewir-
tet, libysche Händler sind weit und breit neben den Deutschen die
einzigen Ausländer. Sie regeln den kleinen Grenzverkehr mit Plas-
tikschuhen aus Taiwan, Schlafanzügen, Stoffballen, Plastikschalen
für Salat, Töpfe, Kessel, Löffel. Auf hochbepackten Lastwagen wer-

den diese Haushaltsgüter über Sandpisten durch die Wüste geschaukelt. Im Gegenzug erhalten die Libyer Vieh, Schafe, Kamele. Ein Kamel kostet zwischen 250 und 500 Euro.

Die stolzen Kamelbesitzer sind alle bewaffnet. Hoch oben auf den Kamelen lugt überall eine Kalaschnikow hervor. Sie soll sie schützen gegen die Kamelräuber aus dem Tschad. Die Räuber knallen kurzerhand die Männer zwischen den Höckern ab und treiben die Kamele über die Grenze in den Tschad.

WORAUS IST DIE BERLINER MAUER GEBAUT

Die Nomaden von Gherer trinken mit der Besucherin süßlichen Tee und essen *Assida*. Eine wunderbare Ruhe strahlen sie aus. Man redet über die Ausbildung der Nomadenkinder. Ja, sie sollen die Schulen besuchen, wie sonst sollen sie sich auf den Marktplätzen in Libyen zurechtfinden. Analphabeten können schnell übers Ohr gehauen werden. Nicht weit entfernt steht die Schule der Nomadenkinder. Deren frische Gesichter und ihre großen wachen Augen, ihre Lernbegierigkeit müssen jeden Lehrer begeistern.

In die wunderbare Ruhe der süßlichen Teerunde fragt plötzlich ein Nomade, woraus denn die Berliner Mauer gebaut worden sei? Aus Zement, die Antwort. Und wieso konnte man nicht einfach rüberklettern? Weil es Kalaschnikows gab, so die Antwort. Sie wird sofort verstanden, liegen doch nicht weit entfernt die eigenen Kalaschnikows, die gegen Kamelräuber schützen sollen.

INHALTSVERZEICHNIS

Südamerika

Karibik

Asien

Afrika